MINISTÈRE DE LA GUERRE
7e Direction. — Service de santé.

ÉCOLE
DE L'INFIRMIER
MILITAIRE

Approuvée par le Ministre de la Guerre
le 1er Octobre 1894.

PREMIÈRE PARTIE
INSTRUCTION PROFESSIONNELLE
DEUXIÈME PARTIE
INSTRUCTION TECHNIQUE

PARIS

Vᵉ ROZIER, ÉDITEUR

Libraire de la Médecine, de la Chirurgie et de la Pharmacie militaires.
26, rue Saint-Guillaume, 26

1894

ÉCOLE

DE

L'INFIRMIER MILITAIRE

—

PREMIÈRE PARTIE

INSTRUCTION PROFESSIONNELLE

DEUXIÈME PARTIE

INSTRUCTION TECHNIQUE

NOTA

—

L'*École de l'Infirmier militaire* se divise en trois parties :

PREMIÈRE PARTIE. — Instruction professionnelle (commune à tous les infirmiers).

DEUXIÈME PARTIE. — Instruction technique. (spéciale aux élèves-caporaux).

TROISIÈME PARTIE. — Théorie des manœuvres (commune à tous les infirmiers et aux brancardiers militaires).

———

La 1re et la 2e partie sont réunies dans le même volume.

La 3e partie forme un volume séparé.

RÉPUBLIQUE FRANÇAISE

MINISTÈRE DE LA GUERRE

7e Direction. — Service de santé.

ÉCOLE DE L'INFIRMIER MILITAIRE

Approuvée par le Ministre de la Guerre
le 1er Octobre 1894.

PREMIÈRE PARTIE
INSTRUCTION PROFESSIONNELLE

DEUXIÈME PARTIE
INSTRUCTION TECHNIQUE

PARIS

Ve ROZIER, ÉDITEUR

Libraire de la Médecine, de la Chirurgie et de la Pharmacie militaires.
26, rue Saint-Guillaume, 26

1894

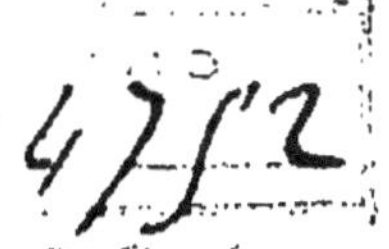

PROGRAMME

DE

L'INSTRUCTION PROFESSIONNELLE

ET TECHNIQUE

DES INFIRMIERS MILITAIRES

PREMIÈRE PARTIE

INSTRUCTION PROFESSIONNELLE

TITRE PREMIER

Organisation générale du service de santé.

CHAPITRE Ier. — DIRECTION ET GESTION.

Hiérarchie du personnel du service de santé. — Direction. — Chef de service. — Gestion.

CHAPITRE II. — TROUPES DU SERVICE DE SANTÉ.

Sections d'infirmiers militaires. — Organisation et commandement. — Avancement. — Discipline et subordination. — Autorité du médecin-chef. — Inspecteur général.

TITRE II

Fonctionnement du service de santé dans les hôpitaux militaires.

TITRE III

Service de santé en campagne.

<hr>

DEUXIÈME PARTIE
INSTRUCTION TECHNIQUE

PREMIER MOIS

Partie écrite.

Dictées tirées de l'*École de l'infirmier militaire*. — Tracés d'états (on s'attache à obtenir une écriture correcte). — Cahiers de visite. — Bons de médicaments pour l'usage interne. — Bons de médicaments pour l'usage externe. — Bons d'aliments. — Bons d'objets de pansement. — Bons nominatifs d'appareils prothétiques. — Abréviations pharmaceutiques et alimentaires. — Relevés des médicaments. — Relevés des aliments. — Liste des tisanes. — Liste des bains et douches.

Partie orale.

Régime alimentaire. — Hygiène hospitalière. — Pratique de l'asepsie et de l'antisepsie médicales et chirurgicales. — Service des salles d'opérations et de pansement.

DEUXIÈME MOIS

Partie écrite.

Mêmes exercices pratiques que pendant le premier mois.

Statistique médicale. — Nomenclature des maladies.

Carnet médical du service en campagne. — Fiche de diagnostic.

Partie orale.

Petite chirurgie. — Cataplasmes. — Sinapismes. Glace. — Gargarismes. — Collyres. — Injections. — Irrigations. — Pulvérisations. — Sangsues. — Ventouses. — Emplâtres. — Manière de prendre la température des malades.

Hydrothérapie. — Bains. — Douches. — Lotions. — Bains de vapeur et Fumigations.

Bandages simples et composés. — Liens de Mayor.

TROISIÈME MOIS.

Partie écrite.

Mêmes exercices pratiques que pendant les deux premiers mois. — Établissement des pièces relatives aux entrées et aux sorties, aux évacuations, aux décès et aux successions.

Registres tenus au bureau des entrées.

Partie orale.

Fonctionnement d'une ambulance de division d'infanterie, en marche, en station, avant, pendant et après le combat. — Division du personnel médicochirurgical en trois groupes : N° 1. Pansements simples ; — N° 2. Pratique des opérations ; — N° 3. Pansements compliqués et immobilisation.

Démonstrations du matériel du service en campagne : objets de pansement, matériel d'exploitation, voitures, etc.

PREMIÈRE PARTIE

INSTRUCTION PROFESSIONNELLE

TITRE PREMIER

ORGANISATION GÉNÉRALE
du Service de Santé à l'intérieur.

CHAPITRE PREMIER

DIRECTION ET GESTION

Objet du service.

1. — Le service de santé a pour objet : l'application des règles de l'hygiène à la santé des troupes et le traitement des militaires malades ou blessés.

Direction.

2. — La direction du service de santé est attribuée dans chaque corps d'armée ou gouvernement militaire à un Médecin Inspecteur ou à un Médecin principal qui exerce ses fonctions sous l'autorité du Général commandant le corps d'armée.

Chef de service.

3. — En temps de paix, les fonctions de Chef du service de santé sont remplies dans les corps de troupes, dans les hôpitaux et dans les formations sanitaires, par des médecins militaires de différents grades sous l'autorité du commandement.

Personnel du service de santé.

4. — Le personnel qui concourt à l'exécution du service de santé comprend :

1° *Dans les directions :*

a. des Médecins militaires.
b. des Officiers d'administration ;
c. des Infirmiers secrétaires et plantons.

2° *Dans les corps de troupes :*

a. des Médecins-majors et aides-majors ;
b. des Médecins auxiliaires ;
c. des Infirmiers régimentaires titulaires et auxiliaires ;
d. des Brancardiers régimentaires ;
c. des Conducteurs de voitures médicales.

3° *Dans les hôpitaux militaires :*

a. des Médecins militaires ;
b. des Pharmaciens militaires ;
c. des Officiers d'administration ;
d. des Infirmiers militaires ;
e. des Ministres des cultes ;
f. des Sœurs hospitalières
g. des Médecins civils requis.
h. des Pharmaciens civils requis.

4° *Dans les magasins d'approvisionnement :*

a. des Pharmaciens militaires ;
b. des Officiers d'administration ;

c. des Infirmiers militaires;
d. un Personnel civil permanent de commis et d'ouvriers.

Attributions générales des Médecins-chefs.

5. — Dans les hopitaux et les autres formations sanitaires de l'armée, le Médecin-chef, outre les attributions techniques, exerce l'autorité administrative et disciplinaire d'un chef de corps.

Gestion.

6. — Dans les hopitaux militaires la gestion est assurée, sous l'autorité du Médecin-chef : par le pharmacien pour la conservation et la distribution des médicaments, par l'officier d'administration gestionnaire, en ce qui concerne les matières et les deniers.

Hiérarchie des officiers du Service de Santé.

7. — 1° Le Corps de santé militaire comprend les médecins et les pharmaciens militaires. Il a une hiérarchie propre dont les grades correspondent à ceux de la hiérarchie militaire, savoir :

Médecin ou pharmacien aide-major de 2e classe, au grade de sous-lieutenant ;

Médecin ou pharmacien aide-major de 1re classe, au grade de lieutenant ;

Médecin ou pharmacien major de 2e classe, au grade de capitaine ;

Médecin ou pharmacien major de 1re classe, au grade de chef de bataillon ;

Médecin ou pharmacien principal de 2e classe, au grade de lieutenant-colonel ;

Médecin ou pharmacien principal de 1re classe, au grade de colonel ;

Médecin ou pharmacien inspecteur, au grade de général de brigade ;

Médecin inspecteur général, au grade de général de division.

2° Le personnel des Officiers d'administration du service des hôpitaux forme un Corps distinct. Il a une hiérarchie propre, définie par la loi du 16 mars 1882, savoir :

Officier d'administration adjoint de 2e classe.
Officier d'administration adjoint de 1re classe.

Officier d'administration de 2ᵉ classe.
Officier d'administration de 1ʳᵉ classe.
Officier d'administration principal.

Les officiers d'administration se recrutent exclusivement parmi les adjudants-élèves d'administration.

Les adjudants-élèves d'administration se recrutent parmi les élèves stagiaires de l'École d'administration. — L'admission à cette École a lieu à la suite d'un concours auquel peuvent part tous les sous-officiers de l'armée à quelque arme ou service qu'ils appartiennent.

CHAPITRE II

TROUPES DU SERVICE DE SANTÉ

Sections d'Infirmiers militaires.—Autorité du directeur du service de santé.

8. — Les sections d'Infirmiers militaires sont au nombre de vingt-cinq. Les effectifs et les cadres sont déterminés par le ministre.

Le directeur du service de santé exerce sur les sections d'infirmiers l'autorité supérieure dans les conditions définies à l'art. 163 du décret du 25 novembre 1889, portant règlement sur le service de santé de l'armée à l'intérieur.

Organisation du commandement.
Autorité du médecin-chef.

9. — Chaque section d'Infirmiers forme un corps, tant pour l'administration que pour le commandement, sous l'autorité immédiate d'un officier d'administration, assisté d'un officier d'administration adjoint.

En ce qui concerne la police et la discipline intérieures, les sections sont placées sous l'autorité supérieure des médecins militaires désignés par le ministre.

Attributions du Commandant de la section.

10. — Les attributions et les responsabilités du Commandant de la section sont les mêmes que celles de l'officier de troupe commandant une compagnie formant corps.

Recrutement et instruction.

11. — Les Infirmiers militaires sont choisis et instruits conformément à la notice n° 12 du règlement sur le service de santé à l'intérieur.

Les infirmiers qui ont suivi avec succès les cours du peloton d'instruction portent le caducée comme insigne distinctif.

La hiérarchie est la même que dans les autres corps de troupes, savoir :

Soldat de 2e classe ;
Soldat de 1re classsse ;
Caporal ;

Sous-officiers : { sergent et sergent-fourrier ;
sergent-major ;
adjudant.

Les règles en vigueur pour l'avancement dans l'infanterie sont applicables aux sections d'Infirmiers militaires.

Fonctions.

12. — Les infirmiers sont appelés à assurer indistinctement, suivant les besoins et leurs aptitudes, le service des malades, le service des écritures et l'entretien général de l'hôpital.

Discipline et subordination.

13. — Les sections d'infirmiers sont régies par le règlement sur le service intérieur des corps de troupe d'infanterie.

Les infirmiers militaires relèvent de

l'autorité militaire pour la police et la discipline générales. Ils sont soumis, envers les officiers du corps de santé et les officiers d'administration des hôpitaux, ainsi qu'entre eux, à toutes les règles de la subordination militaire.

Avancement.

14. — Le tableau d'avancement est préparé, au moment de l'inspection générale, par le Médecin-chef chargé de la surveillance de la section. A cet effet le commandant de cette section centralise les états de proposition des différents détachements. Ce tableau est envoyé au Directeur, qui l'annote; il est ensuite soumis à l'Inspecteur général qui l'arrête définitivement.

Les nominations sont faites par le Directeur, au fur et à mesure des besoins, dans les conditions prévues par la note ministérielle du 30 juillet 1893, parmi les candidats portés au tableau d'avancement. Elles sont notifiées : 1° aux Méde-cins-chefs qui les font connaître par la voie de l'ordre ; 2° au Commandant de la section, qui les notifie aux divers chefs des détachements.

Inspection générale.

15. — L'inspection générale des sections d'infirmiers militaires est passée par les Inspecteurs généraux du service de santé.

TITRE II

FONCTIONNEMENT DU SERVICE DE SANTÉ DANS LES HOPITAUX MILITAIRES

CHAPITRE III

ATTRIBUTIONS GÉNÉRALES ET DEVOIRS DU PERSONNEL

Objet du service de santé dans les hôpitaux.

16. — Le service de santé, dans les hôpitaux, a pour but de soigner les officiers et les militaires atteints de maladies ou blessures qui ne peuvent être soignés au corps dans les infirmeries régimentaires.

A défaut d'hôpitaux militaires, le traitement des militaires malades ou blessés est assuré dans les hôpitaux civils par les médecins militaires en conformité de la loi du 7 juillet 1877.

Attributions générales du Médecin-chef.

17. — La direction du service, dans un hôpital militaire, appartient au médecin le plus élevé en grade ou le plus ancien dans le grade, qui prend le titre de Médecin-chef. L'autorité du Médecin-chef s'étend à toutes les parties du service, au point de vue militaire, technique et administratif. Il a, à l'égard du personnel placé sous ses ordres, les attributions et les devoirs généraux des chefs de corps, tels qu'ils sont définis par le règlement sur le service intérieur des corps de troupes.

Médecins traitants.

18. — Les malades sont répartis dans plusieurs divisions, à la tête desquelles sont placés des médecins traitants de différents grades.

Médecins aides-majors.

19. — Ils secondent les médecins traitants dans toutes les parties de leur service, et peuvent remplir les fonctions de médecin traitant. Ils sont de garde à l'hôpital à tour de rôle.

Fonctions du Médecin de garde.

20. — Le médecin de garde se tient à la salle de garde.

Quand il s'absente pour le service, il indique le lieu où on peut le trouver dans l'hôpital. Il reçoit les malades et les classe dans les différentes divisions, suivant la nature de leur affection. Il porte secours partout où il est nécessaire. Il constate les décès.

Attributions et devoirs des Pharmaciens.

21. — Le pharmacien le plus ancien dans le grade le plus élevé est chargé, sous l'autorité du Médecin-chef, du service de la pharmacie. Il répartit le service entre lui et ses subordonnés. Il est l'intermédiaire hiérarchique entre le Médecin-chef et le personnel de la pharmacie.

Attributions et devoirs de l'Officier d'administration gestionnaire.

22. — L'officier d'administration gestionnaire est chargé, sous l'autorité du Médecin-chef, du service administratif de l'hôpital. Il répartit, avec l'approbation du Médecin-chef, le service entre les officiers et adjudants-élèves d'administration sous ses ordres. Il est l'intermédiaire hiérarchique entre le Médecin-chef et les officiers d'administration en sous-ordre. Il commande et administre le détachement d'infirmiers. Il assure, sous l'autorité du Médecin-chef, l'ordre et la discipline dans tout l'hôpital.

Il est responsable de l'entretien des

locaux et de la conservation du matériel.

Il est comptable des deniers et des matières dont il a donné récépissé ; il établit, à cet effet, toutes les écritures, et fournit toutes les justifications nécessaires. Il tient le contrôle annuel et les livrets matricules des médecins, pharmaciens et officiers d'administration attachés à l'établissement.

Pour les propositions d'avancement en faveur des infirmiers, il centralise les notes des médecins traitants, du pharmacien le plus élevé en grade et les siennes propres. Comme chef de détachement, il annote ces états en ce qui concerne la conduite, la tenue, l'instruction militaire et la manière de servir des candidats. Il les soumet à l'approbation du Médecin-chef.

Il établit, pour tout le personnel, toutes les pièces prescrites au titre de la solde.

Officiers d'administration adjoints et Adjudants-élèves
d'administration.

23. — Ils sont chargés de l'exécution
de différentes parties du service administratif, sous les ordres de l'officier d'administration gestionnaire.

Ils sont de garde à l'hôpital à tour de
rôle.

Fonctions de l'Officier d'administration de garde.

24. — Il prend la garde pour vingt-
quatre heures. Il veille partout à l'exécution des consignes et au bon fonctionnement des services généraux. Il assure
l'ordre et la police dans l'établissement,
et fait des rondes fréquentes de jour et
de nuit. Il reçoit les officiers de visite
ou toute autre personne autorisée à
visiter l'établissement. En descendant la
garde il remet son rapport à l'officier
d'administration gestionnaire.

Devoirs des infirmiers militaires.

25. — Les infirmiers sont soumis à toutes les obligations disciplinaires et à tous les devoirs définis par les règlements militaires. Ils ont, en outre, des devoirs professionnels qui sont les suivants : exécuter tous les ordres des médecins militaires, des pharmaciens militaires, des officiers d'administration et des infirmiers gradés relatifs au fonctionnement de l'établissement ; donner aux malades les soins généraux prescrits soit par les règlements, soit par les consignes, soit par leurs chefs directs ; enfin leur assurer, avec un entier dévouement, l'assistance et les soins particuliers de quelque nature qu'ils puissent être.

Rapports avec les malades.

26. — Les infirmiers ne doivent jamais manquer aux égards qu'ils doivent aux malades, même lorsque ceux-ci viendraient à les maltraiter; s'ils ont à se plaindre d'eux, ils ont recours à l'autorité de l'infirmier-major.

Ils doivent résister aux sollicitations illégitimes des malades et faire respecter soit par eux, soit par les personnes admises à les visiter, tous les ordres et consignes donnés par le Médecin-chef et le médecin traitant.

Déférence envers les Sœurs hospitalières.

27. — Dans les hôpitaux où il y a des Sœurs hospitalières, les infirmiers sont tenus envers elles au respect et à la déférence.

Casernement des infirmiers.

28. — Les infirmiers sont, autant que possible, logés à l'hôpital militaire dans un casernement spécial. Ils reçoivent des fournitures des *lits militaires.*

Alimentation des infirmiers.

29. — A l'exception des sous-officiers, qui sont toujours nourris aux vivres d'hôpital, les infirmiers vivent à l'ordinaire, comme les autres troupes ; l'hôpital leur donne, en outre, une ration de vin à chaque repas.

Service de garde des infirmiers.

30. — Les infirmiers sont commandés à tour de rôle par l'officier gestionnaire, pour assurer dans les salles le service de garde de jour et de nuit. La durée de la garde est de vingt-quatre heures ; toutefois, la moitié des hommes désignés peut être autorisée à se coucher de huit heures à minuit.

Autant que possible, les infirmiers montent la garde dans les salles où ils sont employés. Il leur est défendu de dormir pendant la garde effective, et ils doivent se tenir entièrement à la disposition des malades qui nécessitent une surveillance spéciale et des soins particuliers. Ils appellent le médecin de garde dès qu'un malade le demande, ou chaque fois que des soins imprévus lui paraissent utiles.

Infirmier-major.

31. — Le sous-officier ou caporal chargé d'une division de malades sous les ordres immédiats d'un médecin traitant, prend le titre d'infirmier-major. Il a autorité sur tous les infirmiers attachés à ce service ; il veille à l'exécution de tous les détails du service pour la propreté, l'entretien du matériel et des locaux, l'aération et le chauffage des salles et les soins à donner aux malades d'après les prescriptions du médecin traitant. Il surveille les distributions de médicaments et d'aliments ; il assure le remplacement du linge sale et signale le matériel en état de dégradation ; il est responsable, envers l'officier gestionnaire, de tout le matériel qui lui est confié, les mouvements de ce matériel sont inscrits sur un carnet inventaire (modèle 83). Il assure la police et le bon ordre dans les salles, et l'exécution des consignes. Il fait, tous les matins, au médecin traitant et à l'officier d'administration de garde, un rapport particulier (modèle 42), sur le mouvement des malades et sur tout ce qui s'est passé dans le service durant les vingt-quatre heures.

Infirmier-major de garde.

32. Il est commandé, tous les jours, un infirmier-major de garde, qui est placé sous les ordres de l'officier d'administration de garde. Il ne peut s'absenter de l'établissement. Il reçoit la liste des hommes de service, la remet au concierge et l'affiche au réfectoire. Il fait les appels et les contre-appels ; il commande et surveille les grandes corvées ; il a la

police des cours et des promenoirs, et
veille à leur propreté ainsi qu'à celle
de toutes les parties extérieures de l'hôpital ; il surveille le service des bains ;
il reçoit les réclamations des malades.
Pendant la nuit, il remplace les infir-
miers-majors des divisions, et surveille
l'ensemble des services ; il fait des rondes
fréquentes dans les salles, et s'assure que
les infirmiers de garde sont à leur poste
et qu'ils exécutent les consignes.

Le matin, il fait son rapport par écrit
à l'officier d'administration de garde.

Infirmier vaguemestre.

33. — L'officier d'administration gestionnaire choisit un infirmier gradé pour
remplir les fonctions de vaguemestre. Il
lui délivre une commission, qui est visée
par le Médecin-chef.

Le vaguemestre remplit ses fonctions
conformément aux dispositions du règlement sur le service intérieur des corps

de troupes. Il retire de la poste les lettres, mandats, bons de poste ou paquets adressés aux malades et au personnel de l'hôpital et en fait immédiatement la distribution dans l'ordre suivant : le Médecin-chef, l'Officier d'administration gestionnaire, les officiers, les malades et les infirmiers.

Son registre est visé et vérifié toutes les semaines par l'officier d'administration gestionnaire.

Sergent concierge.

34. — Le sergent concierge est chargé d'assurer la police de la porte de l'hôpital. Sa consigne spéciale est établie par le Médecin-chef et visée par le commandant d'armes.

Il a pour devoir de ne laisser entrer à l'hôpital aucune espèce de comestibles, boissons ou médicaments, sans l'autorisation du Médecin chef. Il ne peut vendre de menus objets qu'en vertu d'une permission de l'officier d'administration gestionnaire approuvée par le Médecin-chef et portant fixation du prix de vente. Il laisse entrer les visiteurs dans les conditions prévues par les règlements ; il reçoit à la porte les malades entrants et les fait conduire à la salle de garde ; il signale par des sonneries de cloche l'heure des distributions et des différents services de la journée ; il veille, pour la sortie de l'établissement, à ce que les malades et les infirmiers soient munis des pièces régulières de sortie ou d'une autorisation spéciale et soient en tenue réglementaire.

Ministres des cultes non catholiques.

35. — Dans les places où il existe un hôpital militaire, un ministre de chacun des cultes reconnus par l'État peut être désigné par l'autorité dont il relève pour visiter ses coreligionnaires. Le ministre désigné reçoit du Médecin-chef de l'hôpital, sur la présentation de son titre, un permis de visite permanent.

En cas d'absence momentanée, et avec l'agrément du Médecin-chef, le ministre titulaire peut déléguer ses pouvoirs à un ministre du même culte. .

Les heures de visites sont déterminées par le Médecin-chef. En cas d'urgence, sur la demande du malade, l'officier d'administration gestionnaire fait avertir le ministre demandé.

Les ministres autorisés ne doivent communiquer qu'avec leurs coreligionnaires et ne peuvent avoir avec les malades que des entretiens individuels.

Il est tenu au bureau des entrées un registre destiné à l'inscription des malades non catholiques, appartenant aux quatre cultes légalement reconnus : luthériens, calvinistes, israélites et musulmans. Les inscriptions sont rayées à la sortie du malade, en sorte que le registre ne porte jamais que les noms des malades pré-

sents. Le nom de chaque ministre auto-
risé est également inscrit dans la partie
du registre affectée à sa communion res-
pective.

Aumôniers.

36. — Un ministre du culte catholi-
que choisi parmi les membres du clergé
paroissial et nommé par le Ministre de
la guerre remplit les fonctions d'aumônier succursaliste dans chaque hôpital.

L'aumônier dit la messe et fait la
prière tous les jours dans la chapelle de
l'hôpital aux heures réglementaires ; il
fait également des visites journalières
dans les salles, pour mettre les secours
de la religion à la disposition des malades.

Sœurs hospitalières.

37. — Des sœurs hospitalières peuvent être placées dans les hôpitaux militaires. La désignation de ces hôpitaux
est faite par le Ministre de la guerre qui

fixe également le nombre des sœurs. Les sœurs hospitalières sont placées sous la direction de l'une d'elles qui prend le titre de sœur supérieure. Elles sont tenues de se conformer aux lois, décrets et règlements sur le service de santé militaire.

Les malades sont, comme les infirmiers, tenus envers elles au respect et à la déférence.

La sœur supérieure répartit entre les sœurs les détails du service et veille à leur bonne exécution. Elle signale au Médecin-chef les irrégularités, qu'il ne lui est pas possible de redresser, et, s'il y a lieu, les manques de convenance dont les sœurs ont à se plaindre.

Le service des sœurs consiste : 1° *dans les salles*; à veiller à l'exécution des prescriptions des médecins traitants, particulièrement vis-à-vis des malades graves; à concourir avec les infirmiers aux divers travaux intérieurs; à donner aux malades ou blessés les soins de toute nature compatibles avec leurs forces et la bienséance ; à concourir à la distribution des aliments et à l'administration des médicaments ; à veiller à la propreté des malades et à l'échange des effets et du linge qui leur sont délivrés ; 2° *à la dépense et à la cuisine*, à assurer, sous la surveillance de l'officier d'administration chargé de ce service, la distribution régulière des denrées ; à concourir à la préparation des aliments pour les malades ; 3° à *la buanderie, à la lingerie, aux ateliers de réparations*, à assurer tous les détails du service.

Les sœurs sont logées à l'hôpital. L'entrée de la communauté est interdite aux malades et aux infirmiers.

CHAPITRE IV

EXÉCUTION DU SERVICE DANS LES HOPITAUX

§ I. ENTRÉES.

Entrée des malades.

38. — Nul ne peut être admis à l'hôpital militaire sans un billet d'hôpital régulièrement établi (modèle 44).

Entrée d'urgence.

39. — Dans les cas urgents, le malade est reçu avec un certificat de visite (modèle n° 45). Le billet régulier doit être envoyé par le corps le lendemain matin au plus tard.

Le médecin de garde peut également en cas de nécessité faire entrer d'office à l'hôpital un malade sans billet. L'officier d'administration gestionnaire établit, dans ce cas, un billet provisoire qu'il signe avec le médecin de garde; ce billet est remplacé le lendemain par un billet régulier.

Visite des malades à l'entrée.

40. — Le médecin de garde inscrit sur le billet d'entrée la division de malades où l'entrant doit être admis et fait conduire celui-ci au bureau des entrées, lorsque son état le permet. En attendant la prochaine visite du médecin traitant, il prescrit au moyen de bons les aliments, les médicaments et les bains nécessaires au malade entrant.

Enregistrement au bureau des entrées.

41. — L'officier d'administration préposé au bureau des entrées vérifie les indications portées sur le billet d'hôpital et fait inscrire le malade sur le registre des entrées.

Dépôt des valeurs.

42. — Si le malade a de l'argent, des bijoux ou d'autres valeurs, ou s'il en reçoit pendant son séjour à l'hôpital, il est tenu d'en faire la déclaration. L'argent, les bijoux, les valeurs sont remis à l'officier gestionnaire qui en délivre au malade un reçu particulier, détaché d'un registre à souche ; le numéro d'ordre du récépissé est reproduit sur le registre des entrées, en regard de son nom.

Si le malade déclare n'avoir ni argent, ni bijoux, ni valeurs, il en est fait mention sur le registre des entrées. Cette déclaration est signée par le malade.

Dans le cas de séjour prolongé à l'hôpital, le malade peut demander à toucher des acomptes de faible importance à valoir sur la somme qu'il a déposée. Ces acomptes sont inscrits au verso du récépissé et de la souche ; leur mention est suivie de la signature de l'officier d'administration gestionnaire et du malade.

Vestiaire, dépôt des effets.

43. — Si après avoir été visité et inscrit le malade peut être conduit au vestiaire, il y fait le dépôt de tous ses effets qui sont immédiatement inscrits sur un registre spécial (modèle 48). Il reçoit en échange du linge et des effets d'hôpital, savoir : une chemise, un caleçon, un mouchoir, un bonnet de coton, une cravate, une capote, un pantalon, une paire de bretelles, une paire de chaussettes, une paire de pantoufles et, s'il y a lieu, un gilet de flanelle.

Les capotes des sous-officiers portent une marque distinctive du grade au collet.

L'infirmier du vestiaire réunit en un paquet tous les effets du malade et y attache l'inventaire de ses effets détaché du billet d'hôpital. Cet inventaire est signé par lui et le malade. Le paquet d'effets est classé dans le magasin du vestiaire sous un numéro correspondant à celui du malade.

Désinfection des effets des entrants.

44. — Les effets apportés par les malades atteints de maladies contagieuses sont désinfectés avant d'être mis en magasin; il en est de même pour les effets des autres malades quand le Médecin - chef le juge nécessaire. Le linge de corps des entrants est blanchi avant d'être placé au vestiaire avec les autres effets.

Bains de pieds aux entrants.

45. — A moins de contre-ordre du médecin de garde, l'infirmier du vestiaire fait laver les mains et les pieds à tous les entrants.

Dans les hôpitaux où l'installation du

vestiaire ne permet pas de le faire, on procède à cette toilette à l'arrivée dans les divisions de malades.

Conduite du malade à son lit.

46. — Au sortir du vestiaire, le malade est conduit dans la division désignée par le médecin de garde.

Par exception, les malades et blessés graves sont transportés directement à leur lit sans passer par le bureau des entrées. Dans ce cas l'infirmier du bureau des entrées accompagne le malade dans ce service, où il fait l'inventaire prescrit en présence de l'infirmier-major de la division.

S'il s'agit d'un contagieux, l'infirmier du bureau des entrées le conduit jusqu'à la porte du pavillon spécial, fait appeler l'infirmier-major et lui remet le malade. L'infirmier-major fait l'inventaire prescrit et devient responsable de la désinfection du linge et des effets apportés par l'entrant.

Arrivée des entrants dans les salles.

47. — Lorsqu'un entrant arrive dans la salle désignée, les infirmiers du service s'occupent immédiatement, en hiver, de le faire asseoir près du feu, à moins qu'il n'ait été apporté sur un brancard ; ils préparent aussitôt son lit. S'il n'a pas changé de vêtements au vestiaire, et si on ne lui a pas lavé les mains et les pieds, et qu'il n'y ait pas d'ordre contraire du médecin de garde, les infirmiers de salle exécutent ces diverses opérations.

Manière de préparer un lit.

48. — Il est très important que le lit soit bien fait. Les lits pourvus d'une paillasse exigent un soin spécial : bien remuer la paille et l'égaliser pour établir un plan horizontal, un peu plus élevé du côté de la tête ; envelopper le traversin avec le drap inférieur ; étendre les draps et les couvertures avec soin, sans faux plis, les bords pendant également de chaque côté et replier l'extrémité inférieure entre la paillasse et le matelas pour maintenir le tout.

Pour les lits destinés aux blessés atteints de fracture, il convient d'employer des matelas en crin et de placer des planches entre la paillasse et le matelas, afin que le lit ne s'enfonce pas sous le siège du malade.

Draps d'alèze.

49. — Pour préserver le lit contre les souillures qui peuvent provenir du malade ou des pansements qui lui sont faits, il y a lieu de le munir, le plus souvent, d'une alèze en tissu imperméable, recouverte d'un drap plié en plusieurs doubles sur sa longueur et placé en travers du lit à hauteur du siège du malade couché.

Tisane et aliments pour les entrants.

50. — Aussitôt que le malade est placé dans son lit, un infirmier se rend à la pharmacie porteur d'un pot à tisane pour prendre la boisson qui lui sera délivrée sur la présentation d'un bon signé par le médecin de garde. Quand des aliments ont été prescrits, l'infirmier dépose en même temps le bon d'aliments à la dépense.

§ II. SERVICE JOURNALIER DANS LES SALLES DE MALADES.

Avant la visite.

51. — Tous les matins avant la visite, les infirmiers aèrent les salles, en ouvrant les fenêtres, d'après les instructions du médecin traitant; ils rallument les poêles s'il y a lieu, et veillent à l'exécution des prescriptions du Médecin-chef au sujet de la température à entretenir dans les salles. Ils veillent à ce que les malades suffisamment valides fassent leur toilette aux lavabos de la division ; ils lavent les mains et la figure de ceux qui sont hors d'état de s'acquitter de ces soins de propreté.

Ils refont les lits des malades et aident les convalescents à refaire le leur.

Ils exécutent les travaux d'ordre et de propreté ; ils lavent les pots à tisane et les autres ustensiles du service.

Visites médicales.

52. — Les visites médicales ont lieu deux fois par jour : celles du matin sont faites à sept heures en été et à sept heures et demie en hiver. Celles de l'après-midi s'appellent contre-visites et ont lieu de deux à quatre heures.

Prescriptions médicales.

53. — Tous les matins les prescriptoins du médecin traitant sont faites à haute voix, au lit de chaque malade, pour les deux repas de la journée ; elles peuvent être modifiées à la contre-visite. Elles sont inscrites sous la dictée du médecin traitant, sur le cahier de visite, avec les abréviations prévues au formulaire pharmaceutique et aux notices n°s 2 et 7.

Ce cahier est tenu séparément pour les jours pairs et les jours impairs.

Personnel assistant à la visite.

54. — Tout le personnel de la division assiste à la visite du médecin traitant pour y recevoir ses ordres et les prendre en note. L'infirmier-major désigne les infirmiers qui doivent rester de garde dans les salles et ceux qui doivent accompagner le médecin traitant. Pendant la visite, il fait tenir les cahiers de visite de la division par un infirmier dit de visite et une liste des tisanes dans chaque salle par l'infirmier de la salle; il tient lui-même la liste des bains, des douches et des médicaments pour l'usage externe, et prend note des instructions particulières

données par le médecin traitant sur la
manière de les appliquer. Enfin, si le
nombre des infirmiers le permet, il fait
établir de la même façon la minute du
relevé des aliments (dite musique) et la
minute du relevé des médicaments pour
l'usage interne. La tenue de ces deux
relevés pendant la visite favorise la ra-
pidité du service. Toutefois, ce procédé
expéditif a besoin d'être contrôlé parce
qu'il expose à des erreurs.

Après la visite.

55. — Les infirmiers de salle nettoient
les vases de nuit et les crachoirs des malades ; en principe, ces ustensiles ne doivent
pas être vidés avant la visite afin que le médecin traitant puisse examiner au besoin
leur contenu ; ils recueillent également les
fioles vides et les reportent à la pharmacie.

Pendant ce temps, les infirmiers chargés de la tenue des cahiers de visite dres-
sent rapidement le relevé des aliments

et le relevé des médicaments pour l'usage interne en faisant le dépouillement des prescriptions inscrites pendant la visite. Ces relevés sont aussitôt soumis au visa du médecin traitant et remis à la pharmacie et à la dépense. Les médicaments pour l'usage externe sont ensuite l'objet d'un second dépouillement ; ils sont transcrits sur un bon général qui est également visé par le médecin traitant et porté à la pharmacie.

Distribution des médicaments.

56. — Les médicaments, portés sur les relevés et les bons, sont préparés par le pharmacien et livrés à l'infirmier qui tient les cahiers de visite.

Celui-ci les distribue aussitôt aux malades, d'après les indications du cahier de visite qu'il tient à la main ; il doit éviter avec soin toute erreur de destination et expliquer à chaque malade la manière de prendre les médicaments qui lui sont prescrits. Les médicaments pour l'usage interne sont renfermés dans des fioles de verre blanc transparent et portent des étiquettes blanches manuscrites, indiquant le numéro du lit et la dénomination de la potion. Les médicaments pour l'usage externe sont toujours renfermés dans des fioles de verre coloré portant une étiquette jaune-orangé.

S'il s'agit d'un médicament toxique, la fiole porte en outre une seconde étiquette en papier rouge-orangé sur laquelle le mot *Poison* est inscrit en lettres majuscules, et elle est entourée d'une bande de papier de même couleur, plus ou moins large, collée sur toute sa circonférence.

Il est rappelé qu'il est absolument interdit de mettre des liquides toxiques dans des bouteilles à vin.

Dans la plupart des cas l'infirmier doit faire lui-même l'application des médicaments pour l'usage externe ; dans le cas contraire, il explique au malade comment le médicament doit être employé.

Tisanes.

57. — La liste des tisanes établie dans chaque salle pendant la visite est présentée au visa du médecin traitant avant qu'il ne quitte la salle ; leur distribution a lieu aussitôt après la visite et après le contre-visite : les infirmiers de salle veillent à ce que les malades ne manquent pas de tisane depuis le réveil jusqu'au moment de la distribution du matin. Des veilleuses sont distribuées à tous les malades auxquels il est prescrit de boire chaud.

Bains.

58. — Aussitôt après la visite, l'infirmier-major fait viser, par le médecin traitant, la liste des bains et des douches.

Les malades désignés sont conduits ou

transportés au service des bains, et les prescriptions du médecin traitant, portées sur la liste, sont exécutées avec toutes les précautions voulues.

Distribution des aliments.

59. — Les malades font trois repas par jour : un petit repas à sept heures du matin, le déjeuner à dix heures du matin et le dîner à cinq heures du soir. Le régime alimentaire est prescrit par les médecins traitants d'après le tarif réglementaire indiqué à la notice n° 3.

La distribution des aliments est annoncée par une sonnerie, qui convoque les infirmiers des divisions à la dépense. Les aliments y sont livrés à l'infirmier-major, qui doit s'assurer s'il reçoit les quantités portées au relevé d'aliments. L'ordre de ces distributions est réglé de manière que chaque division soit servie la première à tour de rôle.

La distribution commence par le pain et les boissons alimentaires ; viennent ensuite les potages, le bouillon et la viande ; enfin, les légumes et les aliments légers ou particuliers.

L'infirmier-major surveille le transport des aliments dans les salles.

Il en fait la distribution et la répartition exacte aux malades à l'aide du cahier de visite, dont les prescriptions alimentaires sont lues à haute voix par l'infirmier chargé de la tenue de ces cahiers. Les grands malades sont servis dans leur lit. Ceux qui peuvent se lever prennent leurs repas soit sur les tables communes des salles, soit au réfectoire de la division. Tout aliment non consommé doit être réintégré à la dépense.

Repas des infirmiers.

60. — Les infirmiers prennent leurs repas après les malades. Ils sont à cet effet répartis en deux ou plusieurs séries, de telle sorte que les infirmiers restés en service dans les salles ne mangent que quand ils ont été relevés. Les sous-officiers mangent à part.

§ III. EXÉCUTION DU SERVICE ENTRE LES REPAS.

Propreté et entretien.

61. — Après les repas, les infirmiers emportent à l'office les ustensiles des malades, pour procéder au lavage de la vaisselle et des ustensiles de distribution. Ils balaient et cirent les parquets; frottent les tables de nuit, les tablettes des lits et procèdent à tous les travaux de propreté pour mettre les salles en bon état. C'est également après le repas du matin que se font les corvées hebdomadaires de propreté qu'ordonne l'infirmier-major.

Échange du linge.

62. — Les draps de lit et le linge de

corps des malades sont renouvelés périodiquement :

Les draps de lit tous les 10 jours.
Les caleçons tous les 8 jours.
Les chemises
Les cravates
Les bonnets de coton
Les chaussettes
Les mouchoirs et les serviettes
} tous les 5 jours.

Ces rechanges n'excluent pas ceux qui peuvent être prescrits par les médecins traitants ou commandés par des circonstances particulières.

La distribution du linge propre est faite aux malades après la visite, sous la surveillance de l'infirmier-major ou de la sœur du service. Le linge sale, placé dans des récipients ou cylindres métalliques fermés par un couvercle, est enlevé immédiatement de la salle et transporté directement à la buanderie ou dans un local spécialement affecté à cet usage.

L'infirmier préposé à la buanderie

donne un reçu qui permet de toucher à la lingerie la même quantité de linge propre.

La réserve de linge de chaque service est ainsi toujours maintenue au complet. Le linge qui a servi à un sortant est toujours mis au blanchissage.

Contre-visite du soir.

63. — L'infirmier-major et les infirmiers dits de visite accompagnent le médecin qui fait la visite du soir. Ils lui signalent les entrants du jour et tous les événements qui ont pu se produire dans le service. Les prescriptions alimentaires ou médicamenteuses sont portées sur des bons que vise immédiatement le médecin, et qui sont servis sans retard. Ces bons sont annexés aux relevés du lendemain.

§ IV. POLICE ET SURVEILLANCE DU SERVICE.

Discipline et surveillance intérieure dans les salles de malades.

64. — Tout malade traité dans un hôpital militaire est sous l'autorité immédiate du Médecin-chef. Il doit obéir aux médecins et aux officiers d'administration en ce qui concerne son traitement et le bon ordre de l'établissement. Les malades doivent toujours être convenables envers les infirmiers ; s'ils ont à se plaindre de l'un d'eux, ils en informent l'infirmier-major de la division.

Il est défendu aux malades de fumer dans les salles, d'avoir des armes, de se coucher tout habillés sur les lits ; ils ne doivent rien faire qui soit contraire au bon ordre ou à la propreté de la salle, et qui pourrait nuire au repos de leurs camarades. Les jeux à prix d'argent leur sont interdits, ainsi que tout trafic ou échange d'aliments et de vêtements.

Il est défendu aux malades d'entrer dans la cuisine, la dépense, la pharmacie, les magasins et autres locaux accessoires, et surtout dans les services de contagieux.

Ils sont individuellement responsables des détériorations volontaires du matériel et des effets mis à leur disposition.

L'infirmier-major informe les malades de ces obligations et signale au médecin traitant tous ceux qui refusent de s'y conformer.

Punitions à infliger aux malades.

65. — Les hommes de troupe en traitement peuvent être mis à la salle des consignés par le Médecin-chef et, en cas d'urgence, par le médecin traitant.

En l'absence des médecins, s'il y a rébellion ou scandale, ils peuvent y être conduits immédiatement sur l'ordre de l'officier d'administration de garde, qui rend compte au Médecin-chef. Les punitions autres que la consigne sont subies au quartier après la rentrée au corps.

Visites des délégués du commandant d'armes
et inspections.

66. — Un capitaine de la garnison est commandé chaque jour pour faire la visite de l'hôpital. Il est accompagné partout par l'officier d'administration de garde, et, à défaut de celui-ci, par l'infirmier-major de garde. Il inscrit ses observations sur un registre spécial, qui est présenté le jour même au Médecin-chef.

Lors des visites des généraux, des officiers supérieurs, du commandant d'armes, du major de la garnison, des généraux inspecteurs, des contrôleurs de l'administration de l'armée et des inspecteurs généraux du service de santé, l'infirmier-major, sans faire de commandements à haute voix, qui pourraient troubler le repos de certains malades,

fait ranger au pied de leur lit les malades qui ne sont pas alités.

§ V. SORTIES.

Sortie par guérison.

67. — Le médecin traitant désigne,
à la visite du matin, les malades qu'il
juge aptes à reprendre leur service et
qui doivent sortir de l'hôpital le lendemain. Mention en est faite sur les deux
cahiers de visite, qui sont aussitôt arrêtés
par le visa du médecin traitant.

La partie médicale du billet d'hôpital
est complétée par l'inscription du diagnostic définitif de la maladie et du mode
de terminaison ; les autres faits, qu'il
importe de faire connaître au médecin
du corps, y sont également signalés. Le
médecin traitant mentionne la date de
la sortie et appose sa signature.

La date de la sortie est indiquée, sur
la partie administrative du billet d'hôpi-

tal, au moyen d'un timbre humide. Cette date est encore inscrite immédiatement sur le registre des entrées.

L'officier d'administration gestionnaire adresse, tous les jours, pour chaque corps, une liste des malades sortants au major de la garnison, qui donne des ordres pour que les Corps fassent chercher leurs hommes le lendemain matin à l'heure de la sortie de l'hôpital.

Les effets militaires, ainsi que les objets et valeurs déposés par le malade à son entrée, lui sont remis après qu'il en a donné décharge sur le registre des effets déposés et sur le registre à souche des dépôts.

Les militaires sortant de l'hôpital sont comptés comme présents au corps et administrés par lui le jour de la sortie. Toutefois lorsque le militaire sortant n'appartient pas à un corps de la garnison, il peut recevoir, avant de sortir, les aliments qui lui sont prescrits par le médecin traitant et qui lui sont délivrés sur un bon spécial.

Sortie par convalescence.

68. — Quand un congé de convalescence est reconnu nécessaire, l'état du malade est constaté par le médecin traitant, qui établit un certificat de visite et par le Médecin-chef, qui passe une contre-visite. Les certificats de visite et de contre-visite sont joints au titre de congé préparé par les soins du Médecin-chef, et adressés au général commandant la subdivision de région qui statue par délégation du général commandant le corps d'armée. Le Médecin-chef de l'hôpital avise directement le chef de corps ou de service lorsque le congé est accordé. La sortie des malades convalescents est constatée comme pour les malades sortant après guérison.

Le jour du départ, le billet d'hôpital est remis par les soins de l'officier d'administration gestionnaire au militaire convalescent, avec le titre de congé, ainsi qu'une feuille de route et les indemnités journalière et kilomètrique allouées par les tarifs ministériels. Quand le Médecin-chef le juge prudent, il fait accompagner le convalescent sortant jusqu'à la gare la plus proche ou même jusqu'à destination ; dans ce dernier cas il en demande l'autorisation au directeur du service de santé.

Sortie par incurabilité.

69. — Quand un malade est dans l'impossibilité de servir, il est présenté à la commission départementale de réforme qui décide s'il y a lieu de lui accorder un congé de réforme n° 2 ou n° 1 avec ou sans gratification. Les militaires réformés peuvent être maintenus à l'hôpital si leur état de santé l'exige.

Sortie par évasion.

70. — Lorsqu'un militaire en traitement s'évade de l'hôpital, l'infirmier de service prévient immédiatement l'infirmier-major, qui rend compte de suite à l'officier d'administration de garde ou à l'officier d'administration gestionnaire qui dresse un état détaillé des effets emportés par l'évadé.

Sortie pour ordre.

71. — Quand un militaire en traitement à l'hôpital fait une mutation qui entraîne un changement de situation, le conseil d'administration ou le chef de service adresse au Médecin-chef, par la voie du sous-intendant chargé de la surveillance administrative du corps, un bulletin d'avis de mutation qui entraîne une sortie et une entrée pour ordre.

Testaments. — Décès. — Inhumations.

72. — *Testaments.* — Toutes facilités

sont données par l'officier gestionnaire aux malades pour tester légalement.

Constatation des décès. — Quand un malade succombe, l'infirmier-major de la division prévient immédiatement le médecin de garde, qui vient constater lui-même le décès et prescrit à quel moment le corps, muni de sa plaque d'identité, sera transporté dans la salle des morts. Dans le cas où le décès ne pourrait être constaté de suite par un médecin, le corps du défunt devra être conservé dans son lit pendant deux heures.

Pour le transport du corps à la salle des morts, l'infirmier-major veille à ce que les infirmiers suivent exactement l'itinéraire tracé par le Médecin-chef.

Tous les objets appartenant au décédé, et en sa possession au moment de sa mort, sont inventoriés par l'infirmier-major en présence de l'officier d'administration de garde. L'inventaire, signé par les personnes désignées ci-dessus, est ensuite remis à l'officier d'administration gestionnaire qui le vérifie. L'infirmier-major lui remet également le billet d'hôpital du décédé, sur lequel le médecin traitant certifie le décès, sa date et indique la maladie qui l'a occasionné.

Inhumations. — Les enterrements ainsi que les cérémonies religieuses sont réglés par des instructions ministérielles. (Notice n° 13 du Règlement.)

Les corps des militaires décédés en dehors des hôpitaux peuvent y être reçus à titre de dépôt et sont inscrits avec cette mention sur le registre des décès. Leur inhumation a lieu dans les mêmes conditions que ci-dessus.

Évacuations.

73. — *Évacuations individuelles.* — Si le malade évacué n'est pas accompagné par un infirmier, le billet d'hôpital lui est remis avec les objets qu'il avait déposés au bureau des entrées ; il re-çoit en outre une feuille d'évacuation (modèle 70), et la feuille de route des militaires voyageant isolément. S'il n'y a qu'une journée de voyage, il lui est donné une ration de vivres et l'indem-nité kilométrique de transport. S'il y a plusieurs journées de voyage, le malade évacué reçoit cumulativement l'indem-nité kilométrique et l'indemnité jour-nalière.

Quand le malade est accompagné par un infirmier, ce qui lui appartient est confié à ce dernier.

Évacuations collectives. — Une feuille d'évacuation (modèle 70) est remise au médecin qui commande l'évacuation ; les billets d'hôpital, ainsi que les dépôts des malades, sont remis à l'officier d'ad-ministration attaché à l'évacuation.

Les médicaments et objets de panse-ment indispensables pendant la route, sont délivrés au médecin du convoi sur bon du Médecin-chef. Les effets et autres objets de matériel nécessaires à l'évacuation sont portés sur la feuille d'évacuation, et l'officier d'administration les prend en charge.

Les vivres et les consommations de toute nature sont assurés pour la durée de la route par l'officier d'administration gestionnaire du lieu de départ.

Pendant la route, les infirmiers doivent s'occuper des malades avec la même sollicitude qu'à l'hôpital, les aider en toutes choses et veiller à ce qu'ils ne manquent de rien. A l'arrivée, après l'appel des malades, l'officier d'administration gestionnaire en donne récépissé sur la feuille d'évacuation. Celle-ci, également revêtue du visa du Médecin-chef, est rapportée au Médecin-chef du point de départ. Le personnel de l'évacuation rentre au lieu de départ aussitôt sa mission terminée.

§ VI. DÉTENUS.

Dispositions spéciales relatives aux militaires détenus.

74. — La garde des militaires détenus en traitement à l'hôpital appartient à l'autorité militaire conformément au règlement sur le service des places. Ils sont placés dans des salles spéciales, aménagées à cet effet.

Aucune personne ne peut être autorisée à visiter les détenus, principalement ceux qui sont passibles d'un conseil de guerre, sans une autorisation du commandant d'armes. Les militaires détenus traités dans les hôpitaux ne peuvent en sortir pour une cause quelconque, sans l'assentiment du Médecin-chef et l'autorisation du commandant d'armes.

§ VII. BATIMENTS.

Locaux affectés aux divisions de malades.

75. — Les salles de malades sont généralement situées dans les étages au-dessus du rez-de-chaussée, et de manière

à séparer les différents genres de maladies en quatre divisions : fiévreux, blessés, contagieux et vénériens.

Suivant l'effectif des malades, le service d'un infirmier-major peut compren-
dre une ou plusieurs divisions, il est
responsable vis-à-vis de ses chefs de la
propreté non seulement des salles de malades occupées, mais aussi de celles qui
sont inoccupées, et de tous les locaux
accessoires de son service.

Les travaux de propreté concernant les
locaux accessoires doivent être exécutés
dès le matin avant la visite ; ils sont renouvelés dans la journée si besoin est.

L'infirmier-major surveille, d'une façon particulière, l'application des mesures
de désinfection quotidiennes ou éven-
tuelles, prescrites par le médecin traitant.

Il signale chaque jour, dans son rapport, les réparations d'une urgence immédiate : telles que serrures à réparer,
vitres à remplacer, etc. ; ces réparations

dites locatives, ainsi que le blanchissage ou la peinture, sont, autant que possible, exécutés par les infirmiers de l'établissement.

Locaux affectés aux services généraux.

76. — Le rez-de-chaussée des pavillons occupés par les malades est affecté, en principe, aux services généraux de l'hôpital.

Ces locaux comprennent autant que possible :

Pour le service de la pharmacie :

> Un préparatoire.
> Une tisanerie.
> Un laboratoire.
> Un magasin pour les médicaments.
> Un cabinet pour le pharmacien.

Pour le service des entrées :

> Un bureau de comptabilité.
> Un vestiaire.
> Un magasin d'effets des entrants.

Pour le service de la dépense :

Un bureau de comptabilité.
Une salle de réception et de distribution.
Des magasins pour les approvisionnements.
La cuisine avec lavoir et office.

Pour le service du matériel :

Un bureau de comptabilité.
Une lingerie.
Des magasins pour le mobilier.
Des ateliers divers de réparation.

Pour le service de la buanderie :

Un magasin pour le linge sale.
Une étuve à désinfection.
Des ateliers pour buandiers et laveuses.
Des séchoirs.

Pour le service des bains :

Des cabinets de bains pour officiers.
Une salle de bains pour la troupe.
Une salle d'hydrothérapie.
Une étuve à bains de vapeur.
Une salle des appareils de chauffage.

Pour le service de l'amphithéâtre :

Une chapelle funéraire.
Une salle des morts.
Une salle des autopsies.

L'exécution du service, dans ces différents locaux, est réglée, soit par les consignes données par le Médecin-chef, qui y sont placardées, soit par les ordres particuliers des officiers ou sous-officiers spécialement chargés du détail de chacun de ces services généraux.

§ VIII. ÉTABLISSEMENTS DIVERS.

Hôpitaux d'eaux minérales.

77. — Les propositions pour l'envoi aux eaux minérales sont faites conformément au règlement sur le Service de Santé.

Hôpitaux et hospices civils.

78. — Les hospices civils sont divisés en trois catégories :

1° Les hospices civils mixtes ou militarisés ;

2° Les hospices civils proprement dits ;

3° Les hospices civils non situés dans les villes de garnison.

Dans les hôpitaux de la première catégorie le service des salles militaires est assuré par des médecins militaires en conformité du règlement sur le Service de Santé de l'armée.

Des infirmiers militaires peuvent être attachés aux salles militaires de l'hospice mixte pour l'exécution du service.

Le traitement et l'alimentation des malades y sont assurés dans les conditions fixées par le règlement sur le Service de Santé de l'armée à l'intérieur.

TITRE III

ORGANISATION GÉNÉRALE ET FONCTIONNEMENT DU SERVICE DE SANTÉ EN CAMPAGNE

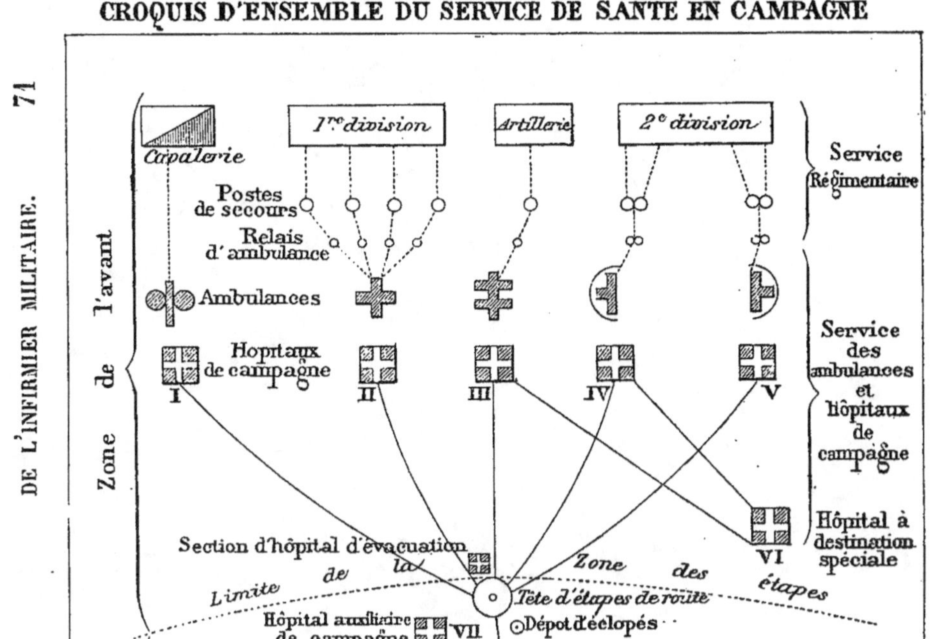
Zone de l'avant
Cavalerie
1re division
Artillerie
2e division
Service Régimentaire
Postes de secours
Relais d'ambulance
Ambulances
Service des ambulances et hôpitaux de campagne
Hôpitaux de campagne
I
II
III
IV
V
Hôpital à destination spéciale
VI
Section d'hôpital d'évacuation
Limite de la Zone des étapes
Tête d'étapes de route
Dépôt d'éclopés
Hôpital auxiliaire de campagne VII

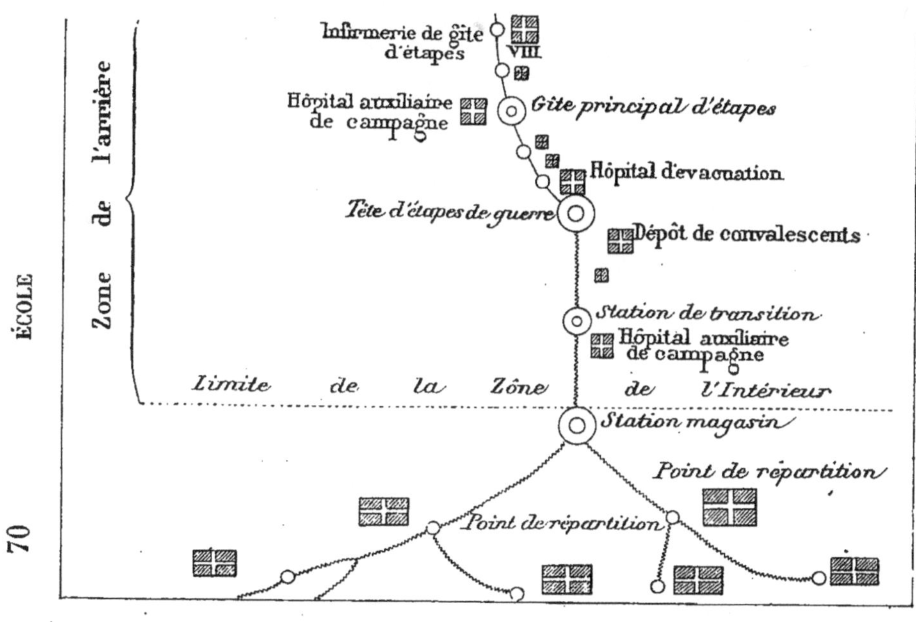
Zone de l'arrière
Infirmerie de gîte d'étapes
VIII
Hôpital auxiliaire de campagne
Gîte principal d'étapes
Hôpital d'évacuation
Tête d'étapes de guerre
Dépôt de convalescents
Station de transition
Hôpital auxiliaire de campagne
Limite de la Zone de l'Intérieur
Station magasin
Point de répartition
Point de répartition

TITRE III

ORGANISATION GÉNÉRALE ET FONCTIONNENENT DU SERVICE DE SANTÉ EN CAMPAGNE

CHAPITRE V

DISPOSITIONS GÉNÉRALES

Objet du service.

79. — Le service de santé en campagne a pour objet :

1° La prévision, la préparation et l'exécution des mesures d'hygiène destinées à assurer le bon état de santé des troupes ;

2° Le traitement sur place des malades et blessés légèrement atteints et susceptibles de rentrer rapidement dans le rang, et celui des malades et blessés qui, vu la gravité de leur état, sont intransportables ;

3° L'évacuation rapide vers l'arrière de tous les autres malades et blessés ;

4° Le réapprovisionnement.

Division du service.

80. — Le service de santé en campagne se divise en :

Service de l'avant ;
Service de l'arrière.

Le *service de l'avant* comprend toutes les formations sanitaires qui marchent avec le corps d'armée.

Le *service de l'arrière* comprend toutes les formations sanitaires qui ne marchent pas avec le corps d'armée.

Service de l'avant.

81. — Il se divise en trois échelons qui sont :

1° Le *service régimentaire*, destiné

à donner les premiers soins en station, en marche, au combat;

2° Les *ambulances*, destinées à recevoir les blessés relevés sur le champ de bataille et à leur donner les soins nécessaires pour qu'ils puissent être évacués rapidement. Elles sont au nombre de quatre par corps d'armée : une ambulance du quartier général, deux ambulances de division d'infanterie, une ambulance de cavalerie ;

3° Les *hôpitaux de campagne*, destinés à renforcer ou à relever les ambulances sur le champ de bataille, et à traiter sur place les malades intransportables.

Service de l'arrière.

82. — Les formations sanitaires de l'arrière constituent deux groupes destinés : le premier, à l'*hospitalisation* sur place, le second, à l'*évacuation et au réapprovisionnement*.

Le premier groupe comprend :

1° *Les hôpitaux de campagne temporairement immobilisés* dans la zone de l'arrière pour le traitement sur place des malades et blessés intransportables ;

2° *Les hôpitaux de campagne à destination spéciale,* c'est-à-dire affectés au traitement et à l'isolement des malades atteints d'affections épidémiques ou contagieuses ;

3° *Les hôpitaux et hospices permanents* des pays occupés, utilisés suivant les besoins ;

4° *Les hôpitaux auxiliaires* créés par les diverses sociétés d'assistance.

Le second groupe comprend :

1° *Les hôpitaux d'évacuation,* placés à chaque tête d'étapes de route et à chaque station tête d'étapes de guerre. Les malades et blessés venus des formations de l'avant y sont reçus, triés, classés et soignés jusqu'au moment de leur évacuation ;

2° *Les infirmeries de gare* et *les in-*

firmeries de gîte d'étapes établies sur le parcours des lignes d'évacuation. Elles fournissent la nourriture et les médicaments aux malades de passage, conservent au besoin ceux qui ne peuvent continuer leur route et assurent leur transport dans un hôpital voisin.

3° *Les transports d'évacuation* (trains d'évacuation *sur les voies ferrées,* convois d'évacuation *sur les voies de terre ou sur les voies d'eau*);

4° *Les stations-magasins.*

Dépôts de convalescents et dépôts d'éclopés.

83. — Éventuellement, et au cours des opérations, la direction des étapes établit, sur les lignes de marche et d'évacuation, des *dépôts de convalescents* qui reçoivent les malades en voie de guérison prochaine, et des *dépôts d'éclopés* où sont réunis les hommes indisponibles n'ayant besoin que d'un repos de courte durée.

Personnel du service de santé.

84. — Le personnel qui concourt à l'exécution du service de santé comprend :

1º DANS LES DIRECTIONS :

Des médecins du cadre actif, de réserve et de l'armée territoriale ;

Des officiers d'administration du cadre actif, de réserve et de l'armée territoriale ;

Des infirmiers des sections actives et territoriales ;

Des conducteurs de voitures.

2º DANS LES CORPS DE TROUPES :

Des médecins du cadre actif, de réserve et de l'armée territoriale ;

Des médecins auxiliaires ;

Des infirmiers régimentaires ;

Des brancardiers régimentaires ;

Des conducteurs de voitures médicales régimentaires ou de mulets porteurs de cantines ;

Des conducteurs de voitures pour blessés affectées aux corps de cavalerie et aux groupes de batteries à cheval.

3° DANS LES FORMATIONS SANITAIRES :

Des médecins et des pharmaciens du cadre actif, de réserve, et de l'armée territoriale ;

Des médecins auxiliaires ;

Des officiers et adjudants-élèves d'administration des hôpitaux de l'armée active, de réserve et de l'armée territoriale ;

Des infirmiers des sections actives et territoriales ;

Des brancardiers d'ambulance ;

Des détachements du train des équipages militaires ;

Des ministres des différents cultes ;

Éventuellement, des infirmiers auxiliaires détachés d'autres troupes.

4° DANS LES ÉTABLISSEMENTS CRÉÉS PAR LES SOCIÉTÉS D'ASSISTANCE AUX BLESSÉS :

Des délégués, médecins, agents, infirmiers et brancardiers prévus par le décret relatif au fonctionnement des dites sociétés. (19 octobre 1892.)

Matériel de campagne.

85. — Les ambulances sont dotées de voitures pour le personnel non monté, de voitures de chirurgie, d'administration, de fourgons d'approvisionnement de réserve, de tentes, enfin de voitures dites *d'ambulance*, de litières et de cacolets pour assurer le transport des blessés.

L'approvisionnement des hôpitaux de campagne, qui comprend des moyens de couchage, est transporté sur des fourgons.

Neutralité du personnel et du matériel.

86. — Tout le personnel du service de santé, à l'exception des brancardiers régimentaires, porte le brassard international de la Convention de Genève, qui confère la neutralité. Les ordonnances des officiers attachés aux formations sanitaires reçoivent également ce brassard. Tous les brassards de neutralité portent l'estampille du Ministère de la Guerre et un numéro d'ordre, lequel est reproduit sur le livret individuel des hommes de troupe.

Le personnel des sociétés d'assistance aux blessés, pourvu du brassard de neutralité, est en outre muni, en temps de guerre, d'une carte d'identité.

Les moyens de transport affectés d'une manière permanente aux formations sanitaires portent les couleurs nationales et l'insigne de la Convention de Genève. Quand les moyens de transport ne sont que temporaires, les insignes ci-dessus sont enlevés aussitòt que le service de santé cesse de les employer.

CHAPITRE VI

DIRECTION DU SERVICE DE SANTÉ
ET ATTRIBUTIONS DU PERSONNEL

Direction du service de santé.

87. — La direction du service de santé est confiée, sous l'autorité du commandement et suivant le cas, à des directeurs ou à des chefs de service :

1° Dans *une armée*, à un médecin inspecteur, *directeur* du service de santé de l'armée ;

2° Dans *un corps d'armée*, à un médecin principal, *directeur* du service de santé du corps d'armée ;

3° Dans *une division*, à un médecin principal ou major, *médecin divisionnaire* chef du service de santé de la division ;

4° A la *direction des étapes* d'une armée, à un médecin principal *chef du service de santé* des étapes ;

5° Dans *une place de guerre* ou *groupe de défense*, à un médecin principal ou major *chef du service de santé* de la place ou du groupe de défense.

Attributions générales du personnel.

88. — DANS LES CORPS DE TROUPES, le *médecin chef de service* dirige le service sanitaire sous l'autorité du chef de corps. Il est secondé par des *médecins-majors et aides-majors.*

Les *médecins auxiliaires* ont, dans la hiérarchie, la même position que les adjudants-élèves d'administration et ne peuvent, dans aucun cas, devenir chefs de service.

Les *infirmiers régimentaires* portent l'uniforme du corps auquel ils appartiennent ; ils assistent les médecins de corps de troupes dans l'organisation des postes de secours, et les soins à donner aux malades et blessés.

Les *brancardiers régimentaires* sont armés, comme les autres soldats du corps auquel ils appartiennent, et ils ne s'en distinguent que par un brassard spécial qui ne confère pas la neutralité.

DANS LES FORMATIONS SANITAIRES, les attributions du personnel du service de santé, médecins, pharmaciens, officiers d'administration, sont les mêmes qu'en temps de paix dans les hôpitaux.

L'officier d'administration gestionnaire exerce, en outre, les fonctions d'officier-payeur et celles d'officier de l'état civil.

Les fonctions d'officier d'approvisionnement sont remplies par un officier d'administration en sous-ordre. Dans les ambulances, cet officier est monté.

Les *infirmiers militaires* sont placés, pour la police, la discipline et l'exécution du service, dans les mêmes conditions que celles qui sont définies dans le règlement sur le service de santé à l'intérieur.

Des *détachements du train* sont affectés aux ambulances et hôpitaux de campagne. Ils sont commandés et administrés par un officier ou sous-officier du train, et placés sous l'autorité supérieure du Médecin-chef.

CHAPITRE VII

FONCTIONNEMENT DU SERVICE DE L'AVANT

Dispositions générales.

89. — Le fonctionnement du service de l'avant exige la liaison constante et l'action concordante des trois échelons :

Service régimentaire ;

Ambulances ;

Hôpitaux de campagne.

Service régimentaire.

90. — Les médecins, les infirmiers et les brancardiers régimentaires, tout en suivant le mouvement offensif des troupes, relèvent les blessés sur le champ de bataille ; ils leur donnent les premiers soins en les abritant autant que possible du feu de l'ennemi derrière des accidents de terrain, jusqu'à ce qu'ils puissent être amenés au poste de secours. La direction à suivre pour y arriver est indiquée, s'il y a lieu, aux brancardiers par des jalonneurs porte-fanions.

Les blessés recueillis sont visités et pansés en premier appareil au poste de secours.

Ils reçoivent une fiche de diagnostic, blanche ou rouge, qui est fixée à leurs vêtements. On y inscrit la nature de la blessure et les soins chirurgicaux intervenus, comme sur le carnet médical.

La fiche blanche est attribuée aux blessés à hospitaliser sur place ; la fiche rouge aux blessés transportables. Après leur pansement, les blessés atteints légèrement rejoignent leur compagnie. Les autres sont transportés à l'ambulance.

Ambulances. — Dispositions générales.

91. — Spécialement organisées pour le service du combat, les ambulances doivent être constamment disponibles et prêtes à marcher, même après le combat, pour suivre la division ou le corps d'armée auquel elles appartiennent.

Service pendant les marches. — Les ambulances accompagnent toujours les unités de commandement qu'elles desservent.

Un médecin de chaque ambulance marche chaque jour avec le campement de cette ambulance pour la préparation du cantonnement et du bivouac. Le médecin, chef du campement, se préoccupe de l'installation des malades et blessés, recherche les moyens de transport disponibles pour les évacuations du lendemain, en particulier les voitures suspendues qui doivent être, en principe, réservées au service de santé.

Service au combat. — Les ambulances sont, en principe, placées à hauteur des réserves de la division, sur des points de facile accès, abrités du feu ennemi autant que possible, abondamment pourvus d'eau et à proximité d'une route carrossable.

L'emplacement de l'ambulance est indiqué pendant le jour par le fanion de Genève placé à côté du fanion aux couleurs nationales ; pendant la nuit, par la réunion de deux lanternes, l'une à verre rouge, l'autre à verre blanc.

Installation de l'ambulance. — Les voitures du matériel de l'ambulance sont parquées en dehors du chemin. Une seule section est d'abord mise en service. Le Médecin-chef organise autant de groupes de brancardiers, infirmiers, cacolets, litières et voitures pour le transport des blessés, qu'il y a de postes de secours à desservir et ces groupes sont dirigés vers les relais d'ambulance par un des officiers de l'ambulance ou, à défaut, par un sous-officier.

L'ambulance peut être établie dans des constructions existantes, mais le plus souvent elle est installée sous des abris improvisés ou sous des tentes.

Les brancardiers d'ambulance relaient les brancardiers régimentaires au poste de secours et, avec le concours des musiciens, suivant les ordres donnés, ils transportent les blessés jusqu'au relai d'ambulance, en évitant les transbordements inutiles. A cet effet les postes de secours et les ambulances échangent leurs brancards.

Fonctionnement de l'ambulance. — Les médecins classent les blessés dans l'une des trois catégories : pansés, à panser, à opérer. Les indications des fiches de diagnostic sont complétées ; il est établi des fiches pour les blessés qui se présentent sans en être pourvus.

Les opérations sont pratiquées et les pansements et appareils sont appliqués ou refaits, de manière à permettre le transport des blessés.

En cas de mouvement rétrograde,

les moyens de transport se replient en arrière avec les blessés les moins grièvementatteints. Le Médecin-chef désigne le personnel qui doit rester auprès des blessés intransportables. Le matériel abandonné, quoique protégé par la convention de Genève, doit être réduit au strict nécessaire.

Après le combat. — Dès que le Médecin-chef de l'ambulance est avisé des points sur lesquels il peut évacuer les blessés, il organise le plus promptement possible deux convois d'évacuation, savoir :

1° Un convoi des blessés légèrement atteints et pouvant encore marcher sous la conduite d'un sous-officier ;

2° Un convoi des blessés plus sérieusement atteints devant être transportés assis ou couchés sous la conduite d'un médecin.

Les blessés qui ne peuvent pas être déplacés, eu égard à la gravité de leur blessure, forment une troisième catégorie ; ils sont remis sur place à l'hôpital de campagne désigné pour relever l'ambulance.

Hôpitaux de campagne. — Fonctionnement.

92. — Les hôpitaux de campagne font partie intégrante du corps d'armée et marchent, en principe, avec le convoi.

En prévision d'un engagement, le commandant du corps d'armée fait marcher, en tête du train régimentaire, le nombre d'hôpitaux présumés nécessaires. Le directeur du service de santé leur assigne leur rôle pour le combat. Ils doivent s'établir près des ambulances pour les remplacer ; dans certains cas, ils peuvent recevoir directement les blessés provenant des postes de secours.

En principe, on établit de préférence les hôpitaux de campagne dans les localités (bourgs, villages ou fermes importantes) bien situées au point de vue hygiénique.

L'emplacement de l'hôpital de campagne est marqué comme celui de l'ambulance, pendant le jour par des fanions, et pendant la nuit par des lanternes. Le matériel de couchage et de cuisine, les vivres et les denrées sont le plus ordinairement réquisitionnés sur place par le médecin-chef ou l'officier d'administration gestionnaire.

En cas de retraite, les hôpitaux de campagne installés restent avec leurs blessés sous la protection de la Convention de Genève.

CHAPITRE VIII

FONCTIONNEMENT DU SERVICE DE L'ARRIÈRE

Objet du service.

93. — Le service de l'arrière a pour objet : le traitement sur place des blessés intransportables, des éclopés susceptibles de rejoindre rapidement leur corps, l'évacuation permanente des blessés et malades transportables sur certaines gares de l'intérieur dites *point de répartition*, et enfin le réapprovisionnement.

Relèvement des hôpitaux de campagne.

94. — Lorsque l'armée poursuit sa marche en avant, les hôpitaux de campagne continuent à fonctionner jusqu'à leur relèvement ou jusqu'à l'évacuation complète de leurs blessés.

Hôpitaux à destination spéciale.

95. — Destinés au traitement et à l'isolement des hommes atteints de maladies contagieuses ou épidémiques, ces hôpitaux sont organisés en dehors des grandes lignes de ravitaillement. On désigne à cet effet des *hôpitaux auxiliaires*, et à leur défaut seulement, des hôpitaux de campagne.

Les malades sont installés de préférence dans des abris légers, susceptibles d'être complètement détruits par le feu lorsqu'ils cessent d'être utilisés. Ces établissements sont pourvus d'appareils de désinfection.

Ils sont signalés par le fanion jaune. Les abords en sont interdits à la troupe. Un dépôt spécial de convalescents leur est annexé.

Lors de la fermeture de ces hôpitaux, les abris provisoires et la paille sont toujours détruits par le feu ; le personnel,

ainsi que le matériel (literie, effets, tentes, etc.), sont soumis à des mesures de
désinfection. *Ces prescriptions ne peuvent être éludées sous aucun prétexte.*

Établissements permanents des pays occupés.

96. — Les hòpitaux et hospices du
territoire occupé sont utilisés dans la
mesure du possible.

Hòpitaux d'évacuation.

97. — Il existe un hòpital d'évacuation à chaque tète d'étapes de guerre ou
tète d'étapes de route.

Il se déplace en mème temps que le
commandement de ces étapes, se portant en quelque sorte à la rencontre des
malades et blessés pour les soigner, les
restaurer et finalement les mettre en
route pour l'intérieur. Lorsque, par suite
des nécessités de la guerre, des blessés
sont dirigés sur un point plus en avant
ou en arrière, le Médecin-chef y trans-

porte immédiatement une section de son hôpital.

Le service comporte trois catégories principales de locaux :

1° Des salles d'attente, où sont réunis les malades et blessés pendant la formation des trains d'évacuation ;

2° Des salles pour recevoir provisoirement les malades et blessés qui ont besoin d'un traitement hospitalier;

3° Des locaux d'isolement pour les malades atteints d'affections contagieuses.

Transports par voies ferrées.

98. — Ils comprennent trois sortes de convois :

1° trains sanitaires permanents;
2° trains sanitaires improvisés ;
3° trains ordinaires de voyageurs.

Les trains sanitaires improvisés seront le plus habituellement employés. Ils comprennent des voitures de tout modèle, pourvu qu'elles soient couvertes.

Elles sont rapidement aménagées pour le transport des blessés couchés sur des brancards et placés sur des appareils spéciaux. (Voir l'École de l'infirmier militaire, 3° partie. *Théorie des manœuvres*.)

Les convois de blessés assis sont organisés avec des voitures à voyageurs.

A chaque train sanitaire sont affectés un ou ou plusieurs médecins, un pharmacien, un officier ou adjudant-élève d'administration du service des hôpitaux et le nombre d'infirmiers nécessaire. Le médecin le plus ancien commande l'évacuation. Il remplit les fonctions de chef de la troupe embarquée, telles qu'elles sont définies par le règlement sur les transports ordinaires en chemin de fer.

Infirmeries de gare.

99. — Elles sont destinées :

1° A pourvoir à la nourriture des malades où blessés traversant les gares dans les trains d'évacuation ;

2° A donner des secours médicaux urgents et à recevoir momentanément les
malades ou blessés dont l'état se serait
aggravé pendant le voyage.

Le service y est assuré, en général, par
le personnel de la Société française de
secours aux blessés.

Transports sur routes.

100. — Les convois d'évacuation sont
organisés, sur les voies de terre, au
moyen des voitures suspendues disponibles ou des voitures non suspendues,
que l'on aménage spécialement à cet
effet. (Voir l'École de l'infirmier militaire, 3° partie. *Théories des manœuvres.*)
Le transport à dos de mulet n'est admis que
dans les pays inaccessibles aux voitures.

L'alimentation et le logement, s'il y a
lieu, sont assurés par le service des étapes.

Une escorte peut être mise à la disposition du médecin ou de l'officier d'administration qui dirige l'évacuation.

Infirmeries de gîtes d'étapes.

101. — Sur les voies de terre, aux gîtes d'étapes de route où arrivent les convois de blessés et de malades, il existe des infirmeries analogues à celles des gares, où les malades transportés reçoivent des aliments et des soins médicaux si besoin est. Ceux qui ne peuvent continuer leur route sont envoyés à l'hôpital le plus rapproché.

Dans les gîtes principaux d'étapes, l'hospitalisation des malades et blessés est assurée soit par un hôpital de campagne, soit par un *hôpital auxiliaire*, soit par un hôpital du pays utilisé par l'armée.

Transports par eau.

102. — Ce mode de transport est très avantageux pour les blessés, qui subissent moins de fatigue et peuvent être mieux installés. Suivant les circonstances, on emploie :

1° Les transports-hôpitaux de la marine de l'État;

2° Les navires de commerce (paquebots affrétés);

3° Les bateaux à vapeur ou les remorqueurs de la navigation fluviale;

4° Les bateaux plats à halage, sur les canaux et rivières canalisées.

Dans les convois par eau, le service est exécuté comme dans un train sanitaire improvisé.

Pour l'aménagement de ces bateaux, voir l'École de l'infirmier militaire, 3° partie, *Théorie des manœuvres.*

CHAPITRE IX

EXÉCUTION DU SERVICE DANS LES FORMATIONS SANITAIRES

Dispositions générales.

103. — Dans les formations sanitaires de campagne, l'exécution du service est soumise aux prescriptions du règlement sur le service de santé à l'intérieur, sauf les exceptions visées au présent chapitre.

Admissions.

104. — Aux personnes normalement admises dans les hôpitaux militaires, en exécution des articles 196, 197 et 198 du règlement sur le service de santé à l'intérieur, peuvent s'ajouter, sur l'ordre du général commandant le corps d'armée, les autres personnes autorisées à suivre l'armée et non définies dans les dits articles.

105. — Tous les entrants sont inscrits successivement sur le registre des entrées dans leur ordre d'admission, avec les indications portées sur la plaque d'identité.

Ne sont pas considérés comme entrants, les militaires qui, à la suite d'une action, ont été pansés à l'ambulance et sont rentrés dans la même journée à leur corps, ou qui, évacués directement de leur corps, reçoivent en passant des soins ou des aliments d'une formation sanitaire sur leur route.

106. — En principe, nul n'est admis dans une formation sanitaire sans que le billet d'hôpital inséré dans le livret individuel ne soit rempli et signé par le commandant de l'unité et par un médecin militaire.

Toutefois, les jours de combat, et dans les cas urgents, les malades et blessés sont reçus directement.

Le billet d'hôpital suit l'homme jusqu'à sa sortie définitive des hôpitaux ou formations sanitaires, par guérison ou décès; les dates d'entrée et de sortie sont indiquées successivement, dans chaque formation sanitaire et dans chaque hôpital où il passe, par l'apposition d'un timbre humide dans des cases spécialement réservées à cet effet.

Lors de la sortie par guérison, l'homme rapporte son billet au corps. La partie administrative du billet est conservée par la compagnie, et la partie médicale est remise au Médecin-chef de service du corps de troupes. Celui-ci, après en avoir pris note, la fait parvenir au bureau de comptabilité et de renseignements par l'intermédiaire du directeur du service de santé du corps d'armée.

En cas de décès, le billet est envoyé au corps pour avis.

Le billet d'hôpital n'est détaché du livret individuel qu'au moment de la sortie définitive. Il est alors immédiatement remplacé par un imprimé du même modèle, par les soins de la formation sanitaire ou de l'établissement.

Effets et armes des entrants.

107. — Contrairement à ce qui est admis en temps de paix, les entrants apportent leurs effets et leurs armes dans les formations sanitaires, mais ils ne doivent pas y apporter les munitions, ni les objets de campement d'un usage collectif.

Les effets sont nettoyés et, au besoin, désinfectés ; du linge de rechange est donné toutes les fois que cela est possible.

Dans les vingt-quatre heures qui suivent l'admission, les armes sont nettoyées et graissées par les brancardiers, et versées au service de l'artillerie, ainsi que les munitions apportées par erreur.

Visites médicales.

108. — Elles ont lieu aux heures fixées par le Médecin-chef. Dans toutes les formations sanitaires, sauf les ambulances, les cahiers de visite sont tenus régulièrement, comme dans les hôpitaux, et sont envoyés tous les mois au bureau de comptabilité et de renseignements. Les médicaments sont livrés sur bons dans les ambulances et hôpitaux de campagne fonctionnant comme ambulances, et il n'est pas établi de relevé.

Régime alimentaire.

109. — Dans les ambulances, l'alimentation des malades et blessés est assurée au moyen des ressources disponibles, sans allocations déterminées. On utilise, autant que possible, les denrées de la ration normale des hommes de troupe.

Les boissons alimentaires hygiéniques réconfortantes et toniques (vin, bière, eau-de-vie, thé, etc.), sont distribuées selon les indications des médecins.

Les infirmiers militaires font ordinaire et perçoivent en nature les prestations réglementaires du service des subsistances. Ils peuvent recevoir des suppléments en aliments et boissons au titre du service de santé quand l'ambulance fonctionne. L'ordre en est donné par le général ou, en cas d'urgence, par le Médecin-chef. Ces dispositions sont applicables au détachement du train.

Dans les autres formations sanitaires, le régime alimentaire est, en principe, celui des hôpitaux militaires en temps de paix (Notice n° 3).

Les jours de combat, alors que les hôpitaux de campagne fonctionnent comme ambulances, les conditions du régime alimentaire des ambulances leur sont applicables.

D'une manière générale, dans le but de simplifier les écritures et de faciliter en même temps la préparation et la distribution des aliments, les malades qui ne sont pas à la diète absolue sont traités :

Soit au grand régime, à 4 degrés ;

Soit au petit régime, à 2 degrés.

Les boissons alimentaires sont également prescrites à 4 ou 2 degrés.

Préparation des aliments.

110. *La soupe.* — Cet aliment ne peut pas toujours être employé en campagne, à cause du temps nécessaire à sa préparation.

Quand on est en contact avec l'ennemi, il faut faire une cuisine rapide : il convient de couper les viandes en menus morceaux pour les faire griller, ou mieux encore pour les faire ròtir dans une casserole ou une gamelle avec de la graisse ou du lard.

Répartition des locaux.

111. — Les locaux réservés aux malades sont indiqués à la craie sur les portes ou les murailles, par les soins du médecin chargé du campement. Le Médecin-chef de la formation sanitaire fait compléter ces indications en fixant le chiffre des malades ou blessés à loger dans chaque chambre, et en spécifiant d'une manière toute spéciale les locaux destinés à recevoir les diverses catégories de contagieux.

Il indique de même les locaux réservés pour les opérations et les pansements, l'emplacement des divers services généraux, et donne des instructions précises pour l'installation des cuisines et des latrines.

Installation dans les cantonnements.

112. — Dans les cantonnements, on ne pourra, le plus souvent, coucher les blessés que sur de la paille. A cet effet, on dispose dans les pièces qui leur sont attribuées de grandes litières de paille. Cette paille est disposée en deux couches : celle qui touche le sol est placée dans le sens du corps de l'homme, la couche supérieure est disposée en travers ; au niveau de la tête on la renforce pour former traversin.

Il est nécessaire de renouveler entièrement les litières tous les deux jours, et dans cet intervalle d'en enlever toutes les parties qui, pour une cause quelconque, auraient été souillées ou infectées.

Il existe, dans les approvisionnements des hôpitaux de campagne, un certain nombre de sacs à paille : on les garnit de paille ou de foin, et on les dispose dans les salles de blessés de la même façon que les litières, en les alignant les uns près des autres avec une séparation de $0^m,30$, pour servir de passage entre chacun d'eux.

Les paillasses et matelas réquisitionnés, quand il y a lieu, sont disposés de la même manière.

Les blessés les moins graves sont placés sur des litières, des sacs à paille ou des matelas ; les autres blessés le sont, autant que possible, sur des lits réquisitionnés ou improvisés ; à défaut de lits, on les laisse sur les brancards qui ont servi à les transporter (à moins que ceux-ci ne soient trop souillés ou imprégnés de sang).

Les blessés couchés sur les brancards sont réunis dans des chambres closes, susceptibles d'être chauffées par une cheminée ou un poêle, car ce mode de couchage expose, d'une manière toute particulière, aux refroidissements nocturnes. *On prendra les plus grandes précautions pour éviter les incendies.*

Des couvertures et des pots à tisane sont distribués aux blessés en quantité suffisante. Dans chaque salle on place également des urinoirs, des seaux inodores et des bassins de lit, en proportion avec le nombre des grands blessés.

Les chambres de malades sont largement aérées pendant le jour et bien éclairées pendant la nuit.

Au cantonnement, plus encore qu'à l'hôpital, la propreté doit être scrupuleusement observée. Ainsi les mesures de désinfection doivent être libéralement pratiquées et s'appliquer chaque jour aux locaux occupés, aux objets qui servent aux malades, à leurs effets et aux déjections.

Tentes et baraques mobiles.

113. — Si les locaux du cantonnement de la formation sanitaire ne sont pas convenables, ou ne suffisent pas pour recevoir les malades ou blessés, on dresse des tentes et des baraques tenues en réserve pour ces circonstances. Le couchage y est organisé comme dans les locaux habituels du cantonnement.

Le sol ne pouvant que très rarement y être couvert d'un plancher mobile, il y a lieu d'éviter qu'il ne soit souillé par les débris d'aliments, les déjections des malades et les détritus de toute nature.

Autour de ces locaux improvisés, il faut user des mêmes précautions et éviter aussi tout ce qui pourrait contribuer à les infecter.

Cuisines.

114. — Elles sont placées à une distance convenable des locaux réservés aux blessés afin qu'ils ne soient par incommodés par la fumée, ou l'odeur.

La plus grande propreté doit régner aux abords des cuisines ; aucun dépôt d'immondices ne doit y être toléré. Certains détritus peuvent être utilisés pour alimenter les feux ; d'autres doivent être mis en tas et enfouis ou, de préférence, incinérés après un arrosage au pétrole.

Les eaux ménagères de cuisine et les eaux grasses doivent être portées hors du cantonnement, à moins qu'il n'y ait des égouts et des rigoles cimentées que l'on puisse laver à grande eau plusieurs fois par jour.

Quand on néglige de prendre ces précautions, on développe inévitablement un foyer d'infection redoutable pour les populations locales et pour les troupes appelées à occuper ultérieurement le même cantonnement.

Latrines et feuillées.

115. — L'installation des urinoirs et des latrines nécessite non moins de précautions que celle des cuisines. Ici encore l'infection du cantonnement est rapide quand on néglige de les aménager dans des conditions convenables et de veiller à leur propreté et à leur bon entretien.

S'il existe des latrines dans les locaux occupés par le cantonnement de la formation sanitaire, il faut les laver à grande eau deux fois par jour et les arroser avec des solutions désinfectantes comme le crésyl à 5 pour 100, le sulfate de cuivre, l'huile lourde de houille, le chlorure de chaux, etc.

On peut également utiliser, avec avantage, le lait de chaux que l'on trouve partout.

Lorsque les latrines existantes sont insuffisantes, ou qu'elles font défaut, on y supplée en installant des latrines improvisées avec des tinettes en métal ou en bois que l'on vidange et désinfecte une ou deux fois par jour.

On peut également y suppléer par des installations tout à fait sommaires et rapidement aménagées au bivouac ou au cantonnement. Ces latrines portent le nom de feuillées, parce qu'elles sont habituellement entourées de branchages formant clayonnage. (Voir le croquis ci-contre.)

Les feuillées sont toujours éloignées des prises d'eau et orientées de telle manière que le vent dominant ne ramène pas leurs émanations sur le cantonnement.

Pour constituer une feuillée, il suffit de creuser dans le sol un sillon étroit taillé à pic et aussi profond que la pioche le permet; sa largeur ne doit pas dépasser celle de la pelle réglementaire.

La terre du déblai est rejetée à 30 centimètres à droite et à gauche du sillon, de façon que l'homme puisse placer un pied sur chaque bord et se mettre comme à cheval sur la fosse où tomberont directement les déjections.

La longueur du sillon doit être de

Coupe.

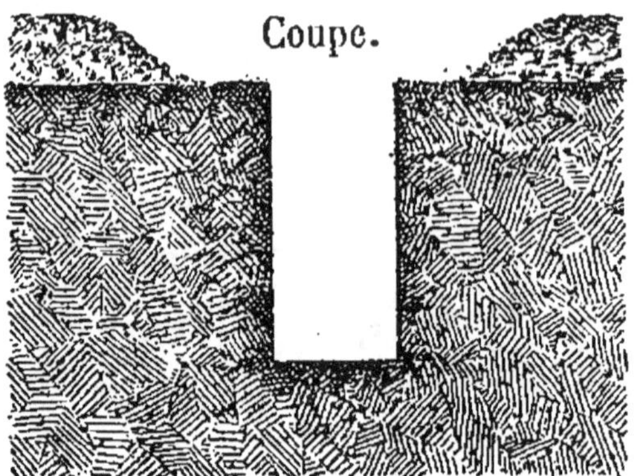

Plan.

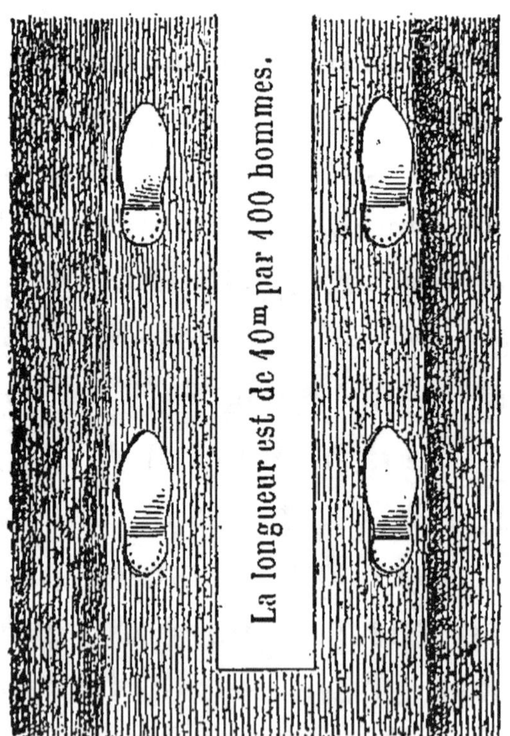

Installation d'une feuillée.

10 mètres pour un effectif de 100 hommes.

L'emplacement de la feuillée est signalé la nuit par une lanterne qui doit bien éclairer le sillon.

Avant de quitter la feuillée chaque homme doit recouvrir les déjections qu'il y a déposées, avec la terre du déblai; de plus, tous les jours on doit désinfecter la feuillée avec un lait de chaux, ou des solutions antiseptiques ou les cendres des foyers, puis, couvrir les déjections avec une couche de terre.

Quand les fosses sont à moitié remplies on les comble avec de la terre que l'on foule fortement jusqu'à ce qu'on arrive au niveau du sol.

On marque ensuite l'emplacement avec des pierres ou des branchages.

Eaux potables.

116. — Le voisinage d'une eau potable est pour le cantonnement un précieux avantage. Le Médecin-chef indique l'endroit où il faut prendre l'eau de boisson.

Quand l'eau est reconnue suspecte ou dangereuse, le Médecin-chef fait apposer un écriteau sur l'appareil de puisage avec la mention : « Eau mauvaise. » Si c'est une pompe, on enlève le balancier, ou on le met temporairement hors de service. Au besoin on y place un factionnaire.

Une bonne eau est limpide sans odeur et sans goût. L'eau de source et l'eau de pluie fraîchement recueillie sont préférables à l'eau de puits. L'eau des puits tubés mérite plus de confiance que celle des puits maçonnés.

Il faut se méfier des puits mal entretenus, peu fréquentés et de ceux situés au voisinage immédiat des dépôts de fumier, des fosses d'aisance ou des puisards.

Si le puits est abandonné depuis longtemps et si l'on craint qu'il soit empoisonné, il faut renouveler l'eau en épuisant le puits avec la précaution de rejeter au loin les eaux d'épuisement.

Un curage complet du puits donnera encore plus de sécurité, quand il sera possible.

Les eaux d'étangs alimentés par des sources, les rivières à cours rapide, dont le lit n'est pas fangeux ni souillé par le déversement d'égouts ou d'eau résiduaires industrielles, peuvent être utilisées avec avantage.

Les eaux les plus dangereuses sont celles qui sont souillées plus ou moins directement par les déjections des hommes ou des animaux et les eaux marécageuses.

Il est absolument interdit de jeter ou de laver quoi que ce soit dans les eaux destinées à l'alimentation. On évitera de les troubler en les puisant. A cet effet, au bord des rivières, il faudra puiser en plein courant en plaçant un plancher mobile sur une petite estacade faite avec des troncs d'arbres ou des pierres.

Pour rendre inoffensives les eaux suspectes ou mauvaises, il suffit de les faire bouillir. On les consommera plus volontiers sous forme d'infusion. Il en est de même pour les eaux destinées à un emploi chirurgical : elles doivent toujours être stérilisées par une ébullition assez prolongée, lors même qu'elles seraient destinées à servir de véhicule à un agent antiseptique.

Sortie par guérison.

117. — Chaque jour, le Médecin-chef fait établir l'état nominatif des hommes désignés pour sortir le lendemain. Ces états portent, s'il y a lieu, l'indication de la nécessité d'un séjour au dépôt de convalescents.

Sortie par évacuation.

118. — Les évacuations collectives ou individuelles ont lieu conformément aux prescriptions du service en temps de paix. La feuille d'évacuation, visée par le commandant d'armes ou d'étapes, sert d'ordre de route et de feuille de route.

A l'arrivée, l'officier d'administration gestionnaire donne récépissé des malades sur la feuille d'évacuation, qui reçoit également les observations du Médecin-chef. Elle est rapportée ensuite au Médecin-chef du point de départ.

Décès.

119. — L'officier d'administration gestionnaire établit les actes de décès suivant les formalités légales. Ils sont inscrits sur le registre des actes de décès.

Inhumations.

120. — Après les combats, les infirmiers peuvent être appelés à participer avec les autres troupes à la tâche d'inhumer les morts.

On procède aux inhumations de la façon suivante :

L'emplacement des fosses est choisi

loin des cours d'eau, des sources et des puits, hors des chemins, dans les terrains en pente et dépourvus d'arbres ; un sol sec et perméable doit être préféré.

Les fosses communes doivent être creusées très profondément, de telle sorte que la rangée supérieure de cadavres soit au moins à 2 mètres au-dessous du niveau du sol.

Au fond de la fosse, on dispose quelques branchages pour faciliter l'écoulement de l'eau, puis les corps sont superposés par couches, et, de préférence, en séries perpendiculaires entre elles.

On place les corps côte à côte et tête bêche. On recueille le livret individuel ainsi que la plaque d'identité de chaque homme. Quand on le peut, on met une première couche de chaux vive, ou de charbon de bois, ou de coke, ou même de cendres et de scories d'usine, et on achève de combler avec la terre des déblais, en formant un tertre surélevé de $0^m,40$. On complète cette opération, généralement faite avec le concours des habitants, en semant des plantes à croissance rapide telles que : avoine, raygras, luzerne chanvre, etc.

L'enfouissement des cadavres d'animaux exige des précautions analogues. Si leur incinération est ordonnée par l'autorité supérieure, on se conforme aux prescriptions de la notice n° 14 annexée au Règlement sur le Service de Santé en campagne. Il en est de même pour l'assainissement du champ de bataille.

CHAPITRE X

APPROVISIONNEMENT. — REMPLACEMENT DU MATÉRIEL

Unités collectives.

121. — Les approvisionnements du matériel de campagne des échelons de l'avant et de ceux de l'arrière sont groupés par unités et sous-unités collectives.

Afin de remplacer rapidement les approvisionnements consommés, il est constitué des réserves de matériel :

1° A l'ambulance du quartier général ;
2° A l'hôpital d'évacuation ;
3° A la station-magasin.

La première réserve comporte le matériel de remplacement du service régimentaire, et les deux autres le matériel de remplacement nécessaire aux corps de troupes, aux ambulances et aux autres formations sanitaires de l'armée.

Gestion des approvisionnements.

122. — Dans les corps de troupes et dans les formations sanitaires, la gestion est, en principe, régie par les mêmes règles qu'à l'intérieur, sauf certaines modifications indiquées par le règlement sur le service de santé en campagne et les notices qui lui sont annexées.

CHAPITRE XI

SOCIÉTÉS D'ASSISTANCE AUX BLESSÉS ET MALADES DES ARMÉES DE TERRE ET DE MER

Dispositions générales.

123. — Ces Sociétés sont autorisées à prêter leur concours en temps de guerre au service de santé militaire et à faire parvenir aux malades et blessés les dons qu'elles reçoivent de la générosité publique. Leur rôle consiste en temps de guerre à créer, dans les localités désignées par le ministre, des *hôpitaux auxiliaires* destinés à recevoir les malades et blessés appartenant aux armées et à seconder le service de l'arrière, en ce qui concerne les *infirmeries de gare* et les *hôpitaux auxiliaires de campagne*.

Tous les établissements créés par les
Sociétés d'assistance demeurent placés,
tant au point de vue du contrôle et de
la discipline, qu'à celui de l'hygiène et
de l'exécution du service, sous l'autorité
du commandement local et celle du
directeur du service de santé de la région ou de son délégué, qui veillent à
ce que les prescriptions du règlement
sur le service de santé pour le traitement des malades, l'alimentation et le
fonctionnement du service, soient appliquées dans la mesure du possible. (Art. 15
du décret du 19 novembre 1892.)

Chaque établissement des Sociétés
d'assistance est, en outre, placé sous la
surveillance du Médecin-chef du ressort
dans lequel il est situé. Ce médecin cote
et parafe tous les registres et vise tous
les documents dont la production est
prescrite par les règlements. (Art. 124
du règlement.)

DEUXIÈME PARTIE

INSTRUCTION TECHNIQUE

TITRE IV

INSTRUCTION TECHNIQUE DE L'INFIRMIER MILITAIRE

CHAPITRE XII

ÉCRITURES

Cahiers de visite. — Carnet médical et Fiche de diagnostic.

124. — Les *cahiers de visite* portent les prescriptions et indications de toute nature données par le médecin traitant. Il est absolument nécessaire qu'ils soient bien tenus, pour éviter des erreurs qui pourraient être préjudiciables au malade. Ils ont, de plus, une valeur réelle comme pièces de comptabilité, car ils constituent la justification fondamentale des consommations de toute nature.

Un infirmier est chargé de les tenir ; il accompagne le médecin traitant pendant la visite et il inscrit, sous sa dictée, toutes les prescriptions, au fur et à mesure qu'elles sont faites.

Ces cahiers, renouvelés tous les mois, comprennent le nombre de feuilles présumé nécessaire pour le service, à raison d'une page par lit de malade ; ils sont au nombre de deux, l'un pour les jours pairs, l'autre pour les jours impairs.

En passant la visite, le médecin tient à la main le cahier de la veille, tandis que l'infirmier inscrit les prescriptions sur le cahier du jour.

La couverture des cahiers porte les indications suivantes :

Le corps d'armée, la place ou garnison, le nom de l'hôpital, le mois et l'année, le nom du médecin traitant et son grade, le nom du médecin aide-major et le nombre de feuilles du cahier.

En tête de chaque page, on inscrit les numéros de la salle et du lit. Au-dessous, on trouve des colonnes correspondant aux renseignements suivants :

Nom et prénoms du malade;

Corps auquel il appartient ;

Date de l'invasion de la maladie ;

Date de l'entrée à l'hôpital ;

Mutations : sorties, évacuations ou décès.

Ces indications sont inscrites successivement, dans les cases disposées horizontalement, pour les malades qui se succèdent dans le même lit.

Le diagnostic et toutes les indications importantes sont mentionnés dans la colonne d'observations.

Les prescriptions alimentaires et pharmaceutiques du matin et du soir sont inscrites chaque jour dans des colonnes verticales, en regard de la date correspondante du mois.

Pour pouvoir écrire sous la dictée, il y a nécessité d'employer des abréviations, soit pour le régime alimentaire, soit pour les médicaments.

On trouvera, aux notices n°s 2 et 7, les abréviations réglementaires.

Toutefois, les substances vénéneuses doivent toujours être écrites en toutes lettres (*strychnine, sublimé, atropine*, etc.).

Pour les médicaments composés, on écrit également en toutes lettres le nom de la substance toxique. Exemple : pour écrire sulfate de quinine, on écrit : *s. quinine.*

Les quantités doivent être écrites en toutes lettres en ce qui concerne les décimales ; on écrira 25 *milligrammes* d'atropine, et non 0 gr. 025 ; ou bien 10 *centigrammes* d'opium, et non 0 gr. 10.

Les aliments et les médicaments délivrés sur bons, pour les entrants et les autres malades, doivent être inscrits entre deux parenthèses sur le cahier de visite à la date du jour où ils ont été prescrits, ou bien on y ajoute la mention : *par bon*.

Chaque fois qu'un lit devient vacant, le médecin traitant met son visa, dans la case des prescriptions de la dernière visite, sur chacun des deux cahiers.

A la fin du mois, le médecin traitant après avoir vérifié les cahiers de visite, les fait remettre à l'officier gestionnaire qui les dépose aux archives ; ils sont brûlés au bout de deux ans.

Dans les ambulances, le *carnet médical* et la *fiche de diagnostic* remplacent les cahiers de visite. Les infirmiers doivent savoir les tenir comme les cahiers ; ils seront exercés à cet effet.

CHAPITRE XIII
RÉGIME ALIMENTAIRE DES MALADES

Division des régimes.

125. — Les malades sont traités suivant un des régimes ci-après, savoir :

Grand régime ; — Petit régime ; — Régime des diètes.

Alimentation des sous-officiers et des soldats.

126. — Le *grand régime* comprend quatre degrés, composés, aux repas du matin et du soir, de la manière suivante, savoir :

	4 DEGRÉS	3 DEGRÉS
Pain	320 grammes.	240 grammes.
Soupe	40 centil.	40 centil.
Viande crue.....	150 grammes.	150 grammes.
Légumes........	25 centil.	25 centil.

	2 DEGRÉS	1 DEGRÉ
Pain	160 grammes.	80 grammes.
Soupe	40 centil.	40 centil.
Viande crue.....	150 grammes.	75 grammes.
Légumes........	125 millilitres.	125 millilitres.

Le *petit régime* comprend trois degrés, composés, aux repas du matin et du soir, de la manière suivante :

	2 DEGRÉS	1 DEGRÉ	1/2 DEGRÉ
Pain......	160 gram.	80 gram.	40 gram.
Soupe ou potage..	40 centil.	40 centil.	40 centil.
Aliments du tarif.	Deux.	Deux.	Deux.

Les sous-officiers, à quelque régime qu'ils soient, peuvent toujours recevoir un dessert à chaque repas.

Les militaires appartenant à la gendarmerie et à la garde républicaine, ainsi que les brigadiers-fourriers et les caporaux-fourriers, sont toujours traités comme sous-officiers (art. 196 du règlement).

Au réveil, les malades à trois ou quatre degrés du grand régime peuvent recevoir du café noir avec 25 grammes de pain.

Tous les autres malades peuvent recevoir soit du café noir ou au lait, soit du chocolat au lait ou à l'eau avec 25 grammes de pain, soit 25 centilitres de lait simple.

Le médecin traitant peut, dans tous les régimes, retrancher un ou plusieurs aliments; lorsque ces suppressions ne portent que sur le grand régime, il n'en est pas tenu compte dans les relevés, et les aliments et les boissons non distribués rentrent à la dépense, conformément à l'article 231 du règlement sur le service de santé à l'intérieur.

Régime des diètes. — Le régime des diètes comprend trois degrés, composés, aux repas du matin et du soir, de la manière suivante :

DIÈTE AVEC ALIMENTS	DIÈTE LACTÉE	DIÈTE ABSOLUE
Deux aliments du tarif.	Lait, un litre.	Néant.

Pour la diète alimentaire, l'un des deux aliments peut être du bouillon gras et comporte, par conséquent, une allocation de viande de 120 grammes. Toutefois, cette allocation n'est faite que lorsque la quantité de bouillon n'est pas suffisante pour assurer les prescriptions.

Alimentation des officiers.

127. — Le grand régime des officiers est le même que celui des sous-officiers et soldats, avec cette différence qu'ils ont toujours droit au potage au lieu de soupe, et qu'ils reçoivent cinq aliments du tarif au lieu de deux.

Le petit régime des officiers est le même que celui des sous-officiers et soldats, en comprenant toutefois cinq aliments du tarif des allocations alimentaires (notice n° 3) au lieu de deux.

Le régime des diètes est commun aux officiers, sous-officiers et soldats.

Les officiers supérieurs ont droit à un aliment en plus.

Boissons alimentaires.

128. — Les boissons alimentaires sont indépendantes du régime alimentaire. Les prescriptions qui peuvent être faites pour chaque repas sont les suivantes :

	VIN	LAIT	BIÈRE ou CIDRE	THÉ
	centilitr.	centilitr.	centilitr.	centilitr.
Officiers.	50	50	75	50
	25	25	50	25
Sous-officiers et	20	50	50	25
soldats	15	25	25	»
	10	»	»	»

Alimentation des infirmiers.

129. — Les infirmiers militaires employés dans les hôpitaux font ordinaire, sauf les exceptions indiquées dans la notice 17 du règlement sur le service de santé à l'intérieur.

Les sous-officiers infirmiers sont nourris aux vivres de l'hôpital et touchent les aliments alloués aux sous-officiers malades à quatre degrés du grand régime, avec 20 centilitres de vin, un dessert et la ration de 25 centilitres de café noir sucré le matin au réveil (1).

Les sous-officiers mariés et logés en ville peuvent être autorisés, par le Médecin-chef, à vivre dans leur famille. Ils touchent, dans ce cas, la totalité de leur solde.

Les caporaux et soldats infirmiers attachés à un hôpital militaire et nourris à l'ordinaire dans l'établissement reçoivent du service de santé, à chaque repas, une allocation de boisson à titre gratuit : soit 20 centilitres de vin ou 50 centilitres de bière ou de cidre.

Les hommes faisant fonction d'ordonnance n'y ont pas droit, à moins qu'ils ne soient en même temps employés dans les salles des malades.

---

(1) B. O. P. R. 1er 1891. — Page 13.
Retenues faites aux sous-officiers nourris aux vivres d'hôpital............. Par jour 0 fr. 40
Retenues faites aux caporaux et soldats nourris aux vivres d'hôpital....... Par jour 0 fr. 20

En temps d'épidémie, les infirmiers en service peuvent recevoir, sur l'ordre du Médecin-chef, dùment approuvé par le directeur du service de santé, une ration supplémentaire de vin délivrée par la dépense, soit une boisson tonique ou stimulante, telle que : vin de quinquina, café ou thé alcoolisé, fournie par la pharmacie.

L'ordinaire des infirmiers est géré conformément aux dispositions du règlement du 23 octobre 1887 sur la gestion des ordinaires de la troupe.

Menus communs des différents régimes.

130. — Les menus communs pour le grand régime des officiers et des soldats, sont préparés à l'avance par l'officier gestionnaire. On arrête de même des menus communs pour le petit régime. Les malades sont soumis à l'un ou l'autre de ces régimes, à moins qu'une alimentation spéciale ne soit nécessaire.

Les divers menus sont soumis à l'approbation du Médecin-chef, le samedi, pour la semaine suivante.

Ils sont communiqués à tous les médecins traitants, et affichés à la salle de garde.

Les entrants sont soumis au régime alimentaire qui leur est prescrit sur bon. On s'écarte le moins possible des menus communs du jour.

Allocations, répartitions, substitutions
et suppléments.

131. — Les bouillons gras, les soupes grasses, sont obtenus sans allocation spéciale de viande, en composant chaque jour le menu du grand régime de façon à distribuer de la viande bouillie une fois par jour, soit aux infirmiers nourris à la dépense, soit aux malades du grand régime.

La quantité d'eau à mettre à la marmite est fixée à 3 litres par kilogramme de viande à bouillir.

Pour améliorer le bouillon, on utilisera les parures et les os de la viande donnée en rôti ou en ragoût.

On prélèvera d'abord le bouillon nécessaire aux grands malades, tant pour le repas du soir que pour le lendemain matin ; ce bouillon sera retiré de la marmite et placé dans un récipient séparé.

La quantité de bouillon restant dans la marmite, sera ensuite complétée au besoin, par l'addition de tablettes de conserves de bouillon, qu'il est nécessaire de consommer pour renouveler les approvisionnements de la réserve de guerre.

La viande peut être de bœuf, veau, mouton ou porc frais ; elle peut être éventuellement remplacée par d'autres aliments du tarif des allocations, tels que : poisson, volaille, gibier, etc.

La viande est allouée crue, non désossée :

Elle donne, lorsqu'elle est bouillie,

environ 46 pour 100 de viande distribuable, et, lorsqu'elle est rôtie ou apprêtée autrement, environ 50 pour 100.

Le rendement du poisson frais est d'environ 50 pour 100.

Pour le café vert, le déchet de torréfaction ne doit pas dépasser 18 à 20 pour 100.

CHAPITRE XIV

BONS ET RELEVÉS

Bons d'aliments, de médicaments, et d'objets de pansements.

132. — Il existe deux espèces de bons :

1° Les bons d'aliments ou de médicaments (modèle n° 50) ;

2° Les bons particuliers (modèle n° 54).

Les premiers sont établis pour assurer l'alimentation des malades entrants ; ils font mention de la nature du régime prescrit et du nombre de malades à qui le régime est attribué, soit pour toute la journée soit pour le soir seulement. Ils sont signés par le médecin de garde, et visés le lendemain matin par le médecin traitant, qui les fait annexer au relevé d'aliments de la veille.

Des bons semblables sont établis pour les médicaments prescrits aux entrants ou, dans le cas d'urgence, à d'autres malades. Le médecin de garde les signe avant de les envoyer à la pharmacie. Ils sont annexés ensuite au relevé de pharmacie de la division, et visés par le médecin traitant.

Le même modèle de bon sert encore pour faire délivrer par la pharmacie les médicaments pour l'usage externe dont la composition est inscrite au formulaire des hôpitaux, tels que gargarismes, liniments, injections, etc., et qui sont prescrits par unités sans que la formule en soit donnée par le médecin traitant ou par le médecin de garde.

Quoique le modèle de bon soit le même dans les deux cas, les aliments ne doivent jamais figurer sur le même bon que les médicaments. On doit établir également des bons distincts pour les prescriptions de médicaments destinés à l'usage interne et pour ceux réservés à l'usage externe.

Le bon particulier (modèle n° 54) est réservé à l'inscription des objets de pansement nécessaires dans les divisions de malades. Il est signé chaque jour, après la visite, par le médecin traitant, et visé par le Médecin-chef.

Relevé d'aliments.

133. — Tous les matins, après la visite, l'infirmier chargé de la tenue des cahiers doit établir le relevé particulier des prescriptions alimentaires sur un imprimé modèle n° 57.

Il importe que ce relevé soit établi non seulement d'une manière très exacte, mais aussi très rapidement, afin que la cuisine ait le temps de préparer les aliments destinés au déjeuner des malades.

A cet effet, on fait d'abord un relevé

préparatoire, qui est connu dans les hôpitaux militaires sous le nom de *musique* ou minute (modèle n° 56).

Cette minute se compose d'une feuille de papier réglée, sur laquelle se trouvent les indications des régimes et des aliments. Chaque prescription alimentaire est inscrite à l'aide d'un simple trait vertical; ce trait est placé à cheval sur la ligne horizontale si le régime est le même matin et soir; il est placé au-dessus de la ligne pour le régime du matin et au-dessous pour le régime du soir.

Il est indispensable que les infirmiers soient parfaitement habitués à ce mode de notation sommaire et rapide; aussi fera-t-il l'objet de fréquents exercices ordonnés par le Médecin-chef.

La minute achevée, l'infirmier remplit la feuille de relevé d'aliments, modèle 57, de la façon suivante :

Après les indications qui se trouvent en tête, telles que mois, année, hôpital, nom du médecin traitant, on inscrit dans le tableau n° 1 le nombre des malades présents à la visite. Ce tableau n'est complété que le lendemain avant la visite du matin par l'inscription du nombre des entrants depuis vingt-quatre heures et des totaux définitifs des existants à la date indiquée.

Dans le tableau n° 2 l'infirmier inscrit le nombre des régimes prescrits pour le matin et pour le soir, et les deux totaux doivent reproduire le total du tableau n° 1, c'est-à-dire le chiffre des malades existants.

Dans la première partie du tableau n° 3 qui est divisé en trois sections, l'infirmier inscrit les boissons prescrites ; mais au lieu de les porter, comme dans la minute, par malades, il les inscrit en bloc, en totalisant les quantités prescrites de chaque boisson : vin, lait, etc., ce qui facilite la livraison par la dépense. Au moment de la distribution, on doit prendre le cahier de visite pour donner à chacun ce qui lui revient.

La deuxième section du tableau n° 3 porte certains aliments du petit régime, ainsi que les bouillons et potages prescrits en dehors du régime commun.

Dans la troisième partie du tableau n° 3, les totaux des aliments du petit régime doivent donner exactement le chiffre de malades inscrit dans le tableau n° 2 aux diverses colonnes du petit régime et de la diète avec aliments, lorsque ces malades doivent tous recevoir deux aliments.

Enfin la totalité des prescriptions devra ressortir en kilogrammes et grammes pour les desserts au poids, et en unités pour les desserts au nombre.

Le dessert est le même pour les sous-officiers, qu'ils soient au grand ou au petit régime.

Il sera toujours établi un relevé spécial pour les officiers.

Relevé des médicaments.

134. — L'infirmier chargé de faire le relevé des médicaments doit, comme pour le relevé des aliments, établir d'abord un relevé préparatoire appelé *musique* ou minute.

A cet effet, il écrit d'avance, sur une feuille de papier, les médicaments internes les plus fréquemment employés dans le service auquel il appartient, en observant exactement l'ordre indiqué dans la notice n° 2.

Chaque médicament interne prescrit est indiqué par un petit trait vertical, comme il est dit pour les aliments (art. 133).

Chaque fiole à médicament doit porter une étiquette mobile indiquant la nature du médicament, sa dose et le numéro du lit du malade auquel il est destiné. Ces étiquettes sont établies à l'aide de la minute du relevé des médicaments. Pour ne pas retarder la préparation de ceux-ci, il est bon de remettre les étiquettes à la pharmacie aussitôt qu'elles sont terminées : la préparation des potions peut se faire d'après leurs indications.

L'expédition du relevé des médicaments, établie ensuite, sert à vérifier les potions au moment de la livraison par le pharmacien.

Les médicaments pour l'usage externe sont relevés sur un bon particulier (modèle n° 50), et délivrés par la pharmacie dans des récipients en verre coloré, portant des étiquettes jaune orangé ; *l'emploi de bouteilles à vin est absolument interdit* (1).

La liste des tisanes est établie par l'infirmier de la salle (art. 54 et 57).

---

(1) Voir art. 56 en ce qui concerne les médicaments toxiques.

CHAPITRE XV

HYGIÈNE HOSPITALIÈRE

Antisepsie médicale.

135. — Certaines maladies étant contagieuses, on s'oppose à la transmission de leurs germes par les deux méthodes suivantes :

1° L'isolement des malades atteints d'affections contagieuses ;

2° L'antisepsie ou la destruction des germes infectants qu'ils émettent.

L'isolement doit être pratiqué toutes les fois que les circonstances le permettent : il doit être aussi complet que possible.

Il doit s'appliquer dans les affections suivantes : variole, rougeole, scarlatine, diphtérie, oreillons, fièvre typhoïde, érysipèle, choléra, scorbut, typhus, grippe, fièvre jaune, etc.

Les malades sont isolés, autant que possible, dans des services appropriés à cet effet, ou dans des salles ou cabinets situés à une certaine distance des autres salles de malades.

Des latrines spéciales doivent être affectées aux malades isolés.

L'isolement seul n'est jamais assez parfait pour supprimer le danger de la contagion dans un hôpital : l'antisepsie ou la destruction sur place des germes infectieux est nécessaire pour empêcher la propagation des maladies contagieuses.

On obtient ce résultat par l'emploi simultané des pratiques habituelles de l'hygiène hospitalière et des méthodes de l'antisepsie proprement dite.

Aération des salles de malades.

136. — Il est nécessaire de réaliser

deux fois par jour un renouvellement complet de l'air de la salle en établissant des courants d'air actifs par l'ouverture des fenêtres opposées, selon les indications particulières données par le médecin traitant en ce qui concerne le nombre des fenêtres ou des impostes à ouvrir simultanément.

En principe, l'aération des salles est pratiquée au réveil et dans l'après-midi. Elle doit durer dix minutes au moins, même pendant la saison froide.

On doit couvrir les malades ou les abriter par des paravents pour éviter qu'ils ne se refroidissent. Si, pendant la journée les fenêtres doivent rester ouvertes, ce ne sera que d'un côté seulement, et du côté opposé au vent.

La nuit, les fenêtres sont fermées, et l'aération est assurée soit par l'ouverture partielle des impostes, soit par des appareils de ventilation.

Température des salles de malades.

137. — La température des salles est fixée par le Médecin-chef.

Elle ne doit jamais descendre au-dessous de $+$ 12° centigrades, quelle que soit la température extérieure et malgré l'ouverture des fenêtres. L'équilibre de température dans les salles est obtenu par le réglage des appareils de chauffage. Des consignes spéciales tracent, suivant les circonstances, la ligne de conduite du personnel chargé de ce service.

Propreté des salles de malades. — Parquets.

138. — L'entretien des parquets varie suivant qu'ils sont en bois ou cimentés.

Dans le premier cas, ils sont généralement cirés. Leur entretien exige une surveillance continue. Il est utile de les balayer au balai de crin, en soulevant le moins possible de poussière, et de les frotter au tampon de laine au moment de l'ouverture des fenêtres.

On passera la cire toutes les fois qu'il sera nécessaire (habituellement deux fois par semaine).

Dans les services de contagieux, si le parquet est cimenté on pourra le laver avec des solutions antiseptiques, au chlorure de zinc à 5 pour 100 ou au sublimé au 1/1000.

Après chaque balayage dans les salles parquetées, les poussières doivent être brûlées, surtout quand elles proviennent du service des contagieux.

Les murs des salles de malades sont nettoyés par différents procédés, suivant qu'ils sont peints à l'huile et vernis, ou seulement passés à la colle ou à la chaux. Dans le premier cas, qui est aujourd'hui le plus fréquent dans les hôpitaux militaires, les murs et les plafonds sont essuyés deux fois par semaine avec un tampon de laine pour enlever les poussières, et lavés avec une éponge imbibée de solution antiseptique de sublimé au 1/1000. Dans le deuxième cas, alors que les murs sont seulement blanchis à la chaux, il est prescrit de passer une nouvelle couche tous les six mois, et plus souvent, suivant les besoins, surtout si le local a été occupé par des contagieux.

Dans ce dernier cas, il convient de compléter la désinfection des salles par la sulfuration, ou d'assurer la destruction des germes en pratiquant toutes les semaines une désinfection des murs à l'aide d'un pulvérisateur chargé de solution au chlorure de zinc à 5 pour 100, ou de sublimé au millième (1/1000), ou avec la liqueur de Van-Swieten, si les appareils permettent l'emploi de ces liquides corrosifs.

Propreté des latrines.

139. — Leur entretien est très difficile et nécessite une surveillance constante. On doit chercher à obtenir deux effets : la désodorisation et la désinfection des matières excrémentitielles.

La première s'obtient d'abord par la bonne installation de ces locaux, qui comporte l'existence de prises d'air, de tuyaux d'aération, de soupapes automatiques, de chasses d'eau, et surtout de systèmes à siphon, qui empêchent le refoulement des gaz provenant des fosses. Mais l'installation la meilleure ne suffit pas, sans entretien soigneux.

Dans les latrines des hôpitaux militaires, le sol de la pièce est ordinairement bitumé et les murs enduits au coaltar. Il y a lieu de renouveler la couche de coaltar au moins une fois par mois, de laver le sol avec une solution de crésyl à 5 pour 100. Il est absolument défendu de jeter par les lunettes, après les repas, les détritus de toute nature, qui peuvent obstruer les soupapes et les tuyaux de chute.

Les rigoles où passent les urines doivent être débarrassées des sédiments urineux. On les repique avec un marteau, ou on les traite à l'acide chlorhydrique à 5 pour 100 avant d'étendre une nouvelle couche de coaltar. Enfin, dans les fosses fixes, il faut souvent verser de l'huile lourde de houille par les tuyaux de chute. Un lait de chaux ou la solution de crésyl à 5 pour 100 suffisent si les fosses sont mobiles.

Propreté des malades.

140. — Le règlement sur le service de santé à l'intérieur prescrit de donner un bain de pieds à tous les entrants. (Voir ci-dessus, art. 45.)

Les malades qui peuvent se lever font leur toilette tous les matins (visage, mains et bouche), dans les lavabos installés près des salles. Les malades couchés reçoivent tous les matins, avant la visite, des cuvettes, de l'eau tiède et du savon. L'infirmier-major de la division doit veiller à la stricte exécution de ces soins de propreté.

La propreté des autres parties du corps doit être entretenue par des ablutions locales ou des bains généraux suivant les prescriptions du médecin traitant.

Les malades guéris de maladies contagieuses ne sont rendus à la vie commune qu'après avoir pris un ou plusieurs bains antiseptiques. Lorsqu'ils ont pris le dernier, ils reçoivent des vêtements nouveaux et ne restent plus dans le service.

Les cheveux sont toujours coupés ras. Si le médecin traitant le juge nécessaire, la tête sera nettoyée par une friction à la brosse et au savon, puis lotionnée avec une solution boriquée.

Les malades sont rasés au moins deux fois par semaine, si leur état ne s'y oppose pas ; ceux qui sont autorisés à porter toute leur barbe prendront un soin particulier de son entretien.

Les instruments des perruquiers sont désinfectés par l'ébullition dans une solution de carbonate de soude ou par l'immersion dans une solution phéniquée forte à 5 pour 100.

On brûle les débris de cheveux et les poils de barbe.

**Antisepsie des vêtements, de la literie
et du mobilier.**

141. — *Effets des malades.* — Le règlement prescrit la désinfection des effets des malades entrants, surtout lorsqu'ils sont atteints de maladies contagieuses.

Dans les hôpitaux pourvus d'une étuve à désinfection par la vapeur sous pression, il est facile d'étendre cette mesure à tous les effets de tous les entrants.

Aussitôt que le malade a reçu des

effets d'hôpital, les vêtements qu'il quitte sont portés à l'étuve et le linge de corps à la buanderie.

Pour que les vêtements ne soient pas froissés, ils doivent être pliés avec soin, dans leur longueur, avant d'être introduits dans l'étuve. On doit les sécher au sortir de l'étuve, avant de les classer au vestiaire.

Quand il est reconnu que le malade est atteint d'une affection contagieuse, il faut désinfecter le linge de corps par l'immersion dans un bain antiseptique (solution de chlorure de zinc à 2 ou 5 pour 100) avant de le mettre à la lessive, et ne le rapporter au vestiaire que quand il a été blanchi.

Les *objets en cuir*, chaussures, coiffures, etc., ne supportent pas la stérilisation par l'étuve ; on doit les désinfecter par des lotions avec le savon noir et l'immersion plus ou moins prolongée dans une solution phéniquée à 2 ou 5 pour 100.

Quand les malades sortent de l'hôpital, tous les effets qui leur ont servi dans l'établissement sont passés à l'étuve.

Pendant le séjour des malades à l'hôpital, l'échange du linge doit se faire pour chacun d'eux à la période prévue par le règlement ou aussi souvent que le médecin traitant le juge nécessaire.

On ne conserve jamais le linge sale dans des coffres en bois au voisinage des salles. Le linge sale doit être ramassé tous les jours dans des récipients métalliques bien clos et porté à la buanderie (voir article 62).

Au retour de la buanderie, les caisses métalliques à linge sale sont désinfectées avant d'être réintégrées dans le service.

Le linge des contagieux est toujours immergé dans une solution antiseptique, avant d'être lessivé. (*Voir* ci-dessus le 4° alinéa.)

Effets de literie. — Paillasses, matelas, couvertures en laine ou coton, traversins et oreillers de plume, tout doit indistinctement passer à l'étuve quand un malade a été atteint d'une maladie contagieuse ou après qu'il est décédé.

Pour subir cette opération, les couvertures de laine doivent être toujours pliées avec soin.

A défaut d'étuve, la désinfection de la literie doit se faire par sulfuration.

Dans certaines épidémies, il est prudent d'incinérer la literie : le Médecin-chef donne alors les ordres nécessaires.

Mobilier. — Pour compléter la désinfection de la literie, la couchette et le sommier métalliques sont débarrassés avec soin des poussières et badigeonnés avec une solution antiseptique.

Cette dernière opération est de rigueur dans le service des contagieux.

Excrétions.

142. — L'antisepsie est complétée

dans les différents services par la désinfection incessante des déjections de toute nature : selles, urines, crachats, matières vomies, etc., et particulièrement de celles qui proviennent des malades atteints d'affections contagieuses.

Les excrétions sont *toujours* désinfectées par l'addition d'une solution antiseptique placée à l'avance dans le récipient qui doit les recevoir. Les crachoirs, urinoirs, vases de nuit, chaises percées doivent toujours être tenus dans un parfait état de propreté ; on y laisse en permanence une solution antiseptique. Une solution de sublimé acidulée, à 2/1000, est employée spécialement pour les crachoirs des diphtéritiques et des tuberculeux : ces crachoirs seront toujours lavés à l'eau bouillante.

Aliments et boissons. — Filtrage des eaux.

143. — Les ustensiles qui servent aux repas des malades doivent être entretenus avec la plus grande propreté et lavés à l'eau bouillante après chaque repas. Le lavage de la vaisselle des contagieux est fait dans un office spécialement affecté à ce service.

L'eau de boisson doit être aussi l'objet d'une surveillance constante parce qu'elle est souvent le véhicule de germes morbides.

Dans les garnisons dépourvues d'eau de source de bonne qualité, on se sert généralement de filtres Chamberland pour débarrasser l'eau des microbes nuisibles qu'elle peut contenir. Ces filtres, constitués par des bougies filtrantes en porcelaine, s'encrassent facilement ; ces dernières demandent un nettoyage fréquent qui doit être exécuté dans les conditions prévues par les notes ministérielles du 22 juillet 1889, du 5 février 1890, du 24 mars 1892.

Dans les garnisons pourvues d'étuve à désinfection sous pression, on passera

à l'étuve les bougies filtrantes préalablement décrassées : elles seront ainsi
stérilisées et retrouveront toute leur
puissance de filtration.

Le transport de ces bougies et leur
passage à l'étuve est facilité par l'adoption d'un panier en osier ou en fil de fer
pourvu de cases, dans lesquelles les
bougies sont maintenues verticalement
et séparées les unes des autres.

CHAPITRE XVI

ASEPSIE ET ANTISEPSIE CHIRURGICALES

Antisepsie chirurgicale.

144. — L'antisepsie joue un très grand rôle en chirurgie ; son objet est de préserver les plaies opératoires ou traumatiques de tout germe infectieux et de les en débarrasser quand elles ont été infectées.

Pour atteindre le premier but, il faut éviter de mettre le blessé dans un milieu contaminé et en contact avec des objets infectés ou malpropres.

Cette première partie de la méthode antiseptique est désignée plus spécialement sous le nom *d'asepsie,* qui veut dire absence de germes septiques. Elle s'occupe des mesures propres à rendre les mains des chirurgiens et celles des aides, les instruments et les objets de pansement stériles, c'est-à-dire exempts de micro-organismes infectants.

La deuxième partie de la méthode est l'*antisepsie* proprement dite, qui s'occupe plus particulièrement des procédés de désinfection applicables aux plaies déjà infectées ou susceptibles de s'infecter.

Dans ces deux méthodes on met en usage des *agents antiseptiques*, physiques ou chimiques, qui détruisent sur place ou stérilisent les germes infectants.

Entretien de la salle d'opérations
et de pansement.

145. — En temps normal, pour pouvoir assurer d'une manière efficace l'*asepsie* et l'*antisepsie*, il faut entretenir une propreté irréprochable dans la salle spécialement affectée à la pratique des opérations chirurgicales.

On y maintiendra une température qui variera de 18° à 25°.

Le parquet sera lavé avec les solutions antiseptiques ; on emploiera de préférence la solution de chlorure de zinc à 5 pour 100.

Si les murs de cette salle sont peints à l'huile ou vernis, on les lavera à l'éponge à l'aide de la solution de sublimé au millième (1/1000).

Mobilier de la salle d'opérations
et de pansement.

146. — Le mobilier nécessaire dans une salle d'opérations et de pansement, comporte :

1° Une table à opérations avec petit matelas en cuir, protégé par une enveloppe mobile de tissu imperméable ;

2° Des tables grandes et moyennes, destinées à recevoir les appareils et les objets de pansement au moment de l'opération, et que l'on recouvre au préalable d'une toile imperméable et de draps stérilisés à l'étuve ;

3° Des armoires pour renfermer les instruments et les objets de pansement;

4° Un poêle avec une grande bassine pour faire bouillir l'eau dans laquelle doivent être trempés les instruments d'acier;

5° Un thermomètre pour mesurer la température de la salle;

6° Une fontaine à eau chaude et une fontaine à eau froide;

7° Un panier en zinc galvanisé pour recevoir les savonnettes et les brosses à savon;

8° Un support pour sécher les serviettes de toilette;

9° Des cuvettes en porcelaine pour les solutions antiseptiques, destinées au lavage des mains du chirurgien et de ses aides, avant et pendant l'opération;

10° Des marmites en fonte émaillée, et des bocaux de verre pour les solutions antiseptiques destinées à la stérilisation ou à la conservation des compresses antiseptiques, des tubes à drainage, des enveloppes imperméables et autres objets pour pansements humides;

11° Des boîtes en fer-blanc fermant à touret pour recevoir les objets de pansement secs, tubes, coton, gaze, etc.;

12° Des bassins carrés et plats en porcelaine pour bains antiseptiques, destinés à stériliser les instruments avant et pendant l'opération;

13° Une lampe à alcool avec trépied, pour chauffer, suivant le besoin, les solutions antiseptiques ou flamber des instruments;

14° Des flacons en verre blanc, de dimensions différentes pour recevoir les solutions antiseptiques, et portant une bande circulaire en papier de couleur rouge orangé, ainsi qu'une étiquette de même couleur bien apparente avec l'inscription : *Poison,* en gros caractères;

15° Un irrigateur à robinet, avec tube en caoutchouc pour le lavage des plaies;

16° Des seaux en zinc ou en fer battu étamé, pour le transport de l'eau propre ;

17° Des seaux émaillés pour recueillir les liquides chirurgicaux et les eaux sales ;

18° Une caisse cylindrique en tôle galvanisée avec couvercle pour le transport du linge sale ;

19° Une lampe à gaz avec réflecteur pour les opérations de nuit ;

20° Une pendule à cadran, dite Œil-de-bœuf ;

21° Un miroir ;

22° Un appareil électrique toujours prêt à fonctionner ;

23° La consigne de la salle d'opération.

Objets de pansement.

147. — Le matériel de pansement se compose des objets de pansement proprement dits, et des agents antiseptiques.

Les premiers sont destinés à protéger les plaies ; ce sont :

1° Le coton hydrophile ;

2° Le coton cardé supérieur, *pour pansements;*

3° Le coton cardé ordinaire, *pour rembourrage;*

4° L'ouate de tourbe ;

5° L'étoupe purifiée ;

6° La charpie ;

Le linge à pansement, tel que bandes, compresses de toutes dimensions en toile de fil ou de coton, ou en gaze avec ou sans apprêt;

Les fils à ligature ou à suture, tels que fils d'argent, crins de Florence, catgut, fils de soie (tordue ou tressée), fils de chanvre.

Les fils de soie tordue sont roulés sur des bobines en bois, et les crins de Florence forment une sorte d'écheveau. Ils sont conservés dans des flacons remplis d'alcool, bouchés à l'émeri et recouverts de parchemin.

Les fils de catgut sont roulés sur une

bobine en verre, et conservés dans des flacons d'huile phéniquée à 10 pour 100, bouchés à l'émeri et recouverts de parchemin.

La soie tressée est enroulée sur de petites plaques de carton.

Les fils de chanvre sont sur des bobines en bois.

Agents antiseptiques.

148. — Les agents antiseptiques sont liquides ou pulvérulents.

Les *liquides* les plus employés sont :

1° La solution de sublimé corrosif (bichlorure de mercure), au millième (1/1000) et la liqueur de Van Swieten, destinées à désinfecter les mains du chirurgien et de ses aides, les compresses antiseptiques, etc.;

2° La solution de carbonate de soude à 1 pour 100, dans laquelle on plonge les instruments d'acier quand elle est en ébullition;

3° La solution phéniquée faible, à

2 pour 100, pour le bain antiseptique des instruments ;

4° La solution phéniquée forte, à 5 pour 100 ;

5° La solution d'acide borique, à 4 pour 100 ;

6° La solution de chlorure de zinc, à 10 pour 100.

Ces antiseptiques liquides sont colorés de manières différentes, pour éviter toute confusion savoir :

Les solutions mercuriques sont colorées en *bleu ;*

Les solutions phéniquées en *violet ;*

Les solutions de zinc en *jaune ;*

Les solutions boriquées restent *incolores.*

Les *antiseptiques pulvérulents* sont destinés à être appliqués directement sur les plaies, après qu'elles ont été désinfectées avec les *antiseptiques liquides.*

On en saupoudre la plaie ou bien on les renferme dans un sachet de gaze que l'on place directement sur elle.

Les plus employés sont : l'iodoforme, le salol, le bismuth, le tanin, le charbon, le camphre, l'oxyde de zinc, l'acide borique, la poudre de quinquina, etc.

Service de la salle d'opérations.

149. — *Entretien et propreté.* — La salle d'opération doit être toujours tenue dans un parfait état de propreté, pour qu'on puisse en disposer d'urgence ; la poussière des murs et des meubles doit être essuyée, et un tampon de linge, humecté légèrement avec une solution antiseptique, est passé sur le parquet.

Chauffage. — Le poêle est allumé assez tôt pour obtenir dans la salle une température nécessaire, variant de 18 à 25 degrés, suivant les indications.

Stérilisation des instruments d'acier. — On stérilise les instruments d'acier en les plongeant pendant 20 minutes, dans une solution bouillante de carbonate de soude à 1 pour 100, préparée dans une bassine placée sur le poèle; puis on les retire avec une pince et on les place dans les bassins plats en porcelaine, remplis de la solution phéniquée faible à 2 pour 100.

Les instruments à manches en bois ne peuvent être désinfectés par ébullition; ils doivent être savonnés à la brosse et lavés à l'éther, avant d'être mis dans le bain antiseptique.

Objets à stériliser. — Tous les matins les objets nécessaires aux opérations sont portés à l'étuve; ce sont les sarraux du chirurgien et de ses aides; les vestes et les tabliers des infirmiers dits de visite; le traversin, les draps et les couvertures de la table d'opération; les objets de pansement prévus renfermés dans des boîtes, savoir : de la tourbe, du coton hydrophile, du coton cardé ordinaire, de la charpie, des compresses, des bandes en toile et en gaze; des bandages de corps, des suspensoirs, des tampons-éponges, etc.

Le matelas en cuir sera désinfecté conformément aux prescriptions de l'article 141.

Compresses antiseptiques.—Les compresses qui sont destinées à recouvrir la plaie et les régions opératoires doivent toujours être préparées à l'avance. On les fait bouillir vingt minutes dans un bain de sublimé au 1/1000 et on les conserve dans un récipient en fonte émaillée, avec couvercle, rempli de la même solution.

Tampons-éponges. — Les tampons-éponges, destinés à remplacer les éponges et confectionnés à l'avance avec des boulettes plus ou moins grosses de coton hydrophile, sont aseptisés comme les compresses, par l'ébullition dans la solution de sublimé au millième (1/1000).

Brosses à ongles.—Elles sont toujours stérilisées à l'avance. A cet effet, on les fait tremper pendant vingt minutes dans une solution bouillante de carbonate de soude, à 1 pour 100, et on les conserve dans un bocal en verre contenant une solution de sublimé au millième (1/1000).

Fontaine. — Tous les matins, on doit garnir la fontaine de la salle d'opération avec de l'eau stérilisée ou bouillie.

Solutions antiseptiques. — On termine le dispositif de la salle de chirurgie en préparant les solutions antiseptiques. les cuvettes en porcelaine en nombre suffisant pour le chirurgien et ses aides.

Avant l'opération.

150. — *Soins préliminaires.* — Quand le chirurgien arrive, les infirmiers prennent ses ordres pour les derniers préparatifs, tels que l'installation de la table d'opération, les fonctions et le rôles de chacun d'eux, etc.

Toilette aseptique des infirmiers. — Les infirmiers qui doivent servir d'aides doivent procéder à ce moment à une toilette ; elle consiste à se couvrir des vêtements stérilisés à l'étuve (vestes et tabliers) et à se désinfecter les mains de la manière suivante :

Retrousser les manches bien au-dessus du coude et les fixer avec des épingles de sûreté ; nettoyer les ongles avec une curette ; savonner les mains, les ongles et les avant-bras en les frottant énergiquement, pendant 8 à 10 minutes, avec une brosse rude pour enlever les débris épidermiques ; immerger ensuite les mains pendant quelques minutes dans un bain de sublimé au millième (1/1000), et surtout ne pas les essuyer.

Toilette du malade. — Quand les infirmiers ont terminé leur toilette aseptique, ils procèdent à celle du malade avant qu'il ne soit endormi. Elle comporte l'échange du linge, puis la désinfection de la région à opérer et de ses abords ; on la rase et on la savonne à la brosse avec soin. Enfin, suivant les cas, on termine par une lotion sur la région opératoire avec de l'éther ou de l'alcool camphré, et une friction avec des compresses imbibées de sublimé au millième.

Une fois la région ainsi aseptisée, on la protège avec d'autres compresses stérilisées à l'avance dans ce but, et le malade est recouvert lui-même de draps et de couvertures précédemment désinfectées à l'étuve.

Pendant l'opération.

151. — *Disposition du personnel et du matériel. Manœuvres des aides.* — Les instruments sont placés à droite du chirurgien et à portée de sa main dans les récipients appropriés. Le chirurgien et son aide principal, placés l'un à droite et l'autre à gauche du malade, doivent disposer l'un et l'autre d'une cuvette remplie d'une solution de sublimé, afin de s'y désinfecter les mains de temps en temps.

Dans toute opération il faut toujours pouvoir disposer de deux infirmiers aseptisés.

L'un d'eux est exclusivement chargé de passer au chirurgien, d'une part, les tampons-éponges placés dans une cuvette recouverte de compresses aseptiques, et d'autre part, tous les autres objets de pansement stérilisés pouvant lui être demandés pendant le cours de l'opération, tels que les fils à ligature et les compresses aseptiques destinées à protéger le champ opératoire, lesquelles sont renouvelées lorsqu'elles viennent à être souillées.

Le deuxième infirmier aseptisé dirige le service des autres infirmiers et surveille toutes les manœuvres qui ne nécessitent pas l'emploi d'un personnel aseptisé, comme le renouvellement des solutions antiseptiques, le maintien du malade pendant la chloroformisation, l'entretien du poêle, etc.

Il fait chauffer le thermo-cautère quand il est nécessaire et le présente au chirurgien, le manche étant enveloppé d'une compresse antiseptique.

En un mot, il fait exécuter par les infirmiers *non aseptisés* toutes les corvées qui pourraient le contaminer lui-même, et prépare personnellement pour le chirurgien tous les objets nécessaires à l'opération ou au pansement, en prenant toujours les précautions indispensables pour éviter de les contaminer.

Méthode de pansement.

152. — Les objets de pansement peuvent varier suivant les habitudes du chirurgien et les conditions du milieu, tandis que les procédés de la méthode antiseptique sont toujours les mèmes et doivent être absolument familiers à l'infirmier qui assiste un chirurgien.

Il y a lieu d'établir une grande dis-
tinction entre les plaies résultant des
opérations pratiquées dans les conditions
d'asepsie signalées ci-dessus, et celles
résultant des lésions traumatiques accidentelles, qui sont toujours plus ou
moins infectées.

Dans le premier cas, la plaie, étant
exempte d'infection, peut sans inconvé-
nient être réunie par des sutures profon-
des et superficielles, avec ou sans drainage.

Le pansement doit être élastique, ab-
sorbant, isolant et antiseptique pour
protéger la plaie et empêcher son infection ultérieure; il peut n'être renouvelé
qu'à de longs intervalles, car l'écoulement de liquides est alors insignifiant.

Dans ces conditions, il est généralement disposé comme il suit :

1° Gaze iodoformée sur la ligne des
sutures ;

2° Protecteur ou tissu imperméable ;

3° Ouate de tourbe ou coton hydrophile, recouvert de coton cardé supérieur ;.

4° Le pansement est maintenu par des bandes en gaze apprêtée et trempées dans une solution de sublimé au 1/1000.

Quand on doit panser une plaie résultant d'une lésion inflammatoire ancienne ou récente, une blessure plus ou moins régulière, plus ou moins suppurante et plus ou moins infectée, les conditions à remplir diffèrent sensiblement.

Le pansement doit dans ces cas être renouvelé plus souvent, et il doit rester humide, pour constituer une véritable fomentation antiseptique. Il se composera d'une couche de compresses de gaze imbibées d'une solution antiseptique, recouvertes d'un tissu imperméable enveloppant tout le membre et empêchant l'évaporation de celle-ci. Par dessus ce tissu imperméable, on placera, en outre, une petite couche de tourbe ou de coton cardé supérieur pour capitonner le membre, et le tout sera maintenu par quelques tours de bande.

Avant l'application du pansement, il convient de procéder à une désinfection sérieuse de la région, soit par un bain local antiseptique (sublimé ou phéniqué chaud), et plus ou moins prolongé, soit par des pulvérisations phéniquées sur la partie blessée.

Après l'opération.

153. — Quand l'opération et les pansements sont terminés, on doit procéder à la désinfection de la salle et remettre toutes choses en état.

Il faut avant tout faire disparaître tout ce qui a été contaminé et pourrait devenir une cause d'infection. Les liquides chirurgicaux sont versés dans les vidoirs ou les latrines ; les récipients qui les contenaient sont désinfectés avec une solution de chlorure de zinc, puis lavés dans une solution de soude bouillante. Les objets de pansement hors de service, comme le coton cardé, l'ouate de tourbe, la gaze et les détritus de toute nature, sont recueillis dans une caisse en tôle galvanisée et portés dans le fourneau de la buanderie pour y être brûlés.

Le linge à pansement encore utilisable est recueilli avec les draps, les sarraux, etc., dans une deuxième caisse en tôle galvanisée et porté de suite à la buanderie. Le linge à pansement est désinfecté à la buanderie dans un bain antiseptique avant d'être mis à la lessive. (*Voir* art. 141, 5° alinéa.)

Les récipients en tôle galvanisée sont désinfectés à l'étuve, ou lavés avec une solution de chlorure de zinc à 5 pour 100.

Après ce premier travail, il faut remettre tout en place.

Les instruments retirés des bassins dans lesquels ils sont immergés sont essuyés et remis dans les boîtes; les

bocaux contenant les objets de pansement de toute nature et les solutions
antiseptiques sont fermés hermétique-
ment et réintégrés dans les armoires.

Enfin, on procède au nettoyage complet de la salle : on essuie la poussière
sur les murs et les meubles, et on y
passe une éponge imbibée d'une solution de sublimé. On lave le parquet à
l'aide d'une solution alcaline chaude et
on le désinfecte ensuite avec une solution
de chlorure de zinc, à 5 pour 100.

Quand tous ces travaux sont terminés, on remplace ce qui a été consommé
en objets de pansements de toute nature, en solutions antiseptiques et même
en chloroforme anesthésique, pour re-
constituer les approvisionnements de la
salle de chirurgie, lesquels doivent toujours être entretenus au complet.

CHAPITRE XVII

PETITE CHIRURGIE

Préparation du malade.

154. — Malgré les exigences délicates de la méthode antiseptique, certaines petites opérations secondaires sont confiées aux infirmiers et doivent leur être familières; elles font partie de ce qu'on appelait autrefois la petite chirurgie.

L'infirmier qui en est chargé ne doit jamais s'écarter des règles de l'antisepsie chirurgicale, soit pour lui-même, soit pour le malade, et particulièrement en ce qui concerne la région sur laquelle il doit intervenir.

Raser un malade. — Cet acte préparatoire de toute intervention chirurgicale et de tout pansement antiseptique, se pratique de la façon suivante :

Enduire les instruments d'un corps gras ou de savon ; puis, d'une main, tendre la peau et, de l'autre, faire glisser la lame du rasoir sur elle, en agissant obliquement par rapport à la direction des poils. Il faut mettre de la légèreté et de la dextérité dans les mouvements.

Cataplasmes.

155. — La préparation de ces topiques est toujours confiée à l'infirmier. Quelle que soit la substance avec laquelle on les prépare, il faut toujours porter l'eau à l'ébulition et donner au mélange une consistance de pâte assez molle. On étend ce mélange sur une toile un peu épaisse, en une couche uniforme que l'on recouvre d'une compresse de gaze, et c'est cette face recouverte de gaze qui est appliquée sur la partie malade.

Le cataplasme Lelièvre est une substance gélatineuse qui, desséchée, a l'aspect d'une feuille de carton. Il est surtout employé dans le service en campagne. On le prépare en le faisant tremper dans de l'eau bouillante, où il se gonfle très rapidement et prend une consistance pulpeuse. Il s'applique directement sur la partie malade, sans intermédiaire.

Tous les cataplasmes doivent être recouverts d'un tissu imperméable pour conserver leur humidité. Le cataplasme Lelièvre porte avec lui une feuille de gutta-percha laminée, destinée à cet usage.

Sinapismes.

156. — Le sinapisme ordinaire est un topique fait avec de la farine de moutarde amenée à consistance pâteuse par son mélange avec de l'eau tiède. Il faut bien se garder d'employer de l'eau bouillante : le sinapisme perdrait son mordant.

Le sinapisme s'applique directement sur la partie du corps où l'on veut produire une révulsion, c'est-à-dire une rougeur de la peau.

On ne doit laisser le sinapisme en place que dix minutes ou un quart d'heure au maximum. Si on dépassait ce laps de temps, il produirait la vésication et peut-être même la gangrène.

Le papier Rigollot est un sinapisme préparé à l'avance ; on n'a qu'à laisser tremper ce papier quelques minutes dans l'eau tiède et à l'appliquer dix minutes sur la peau.

Glace.

157. — L'emploi de la glace comme topique est d'un usage très fréquent. Pour qu'elle ne puisse pas mouiller le malade à mesure qu'elle se fond, on l'introduit par petits fragments dans une vessie de porc, ou dans une poche de caoutchouc pourvue d'un bouchon (Bonnet de Gariel).

La glace en gros fragments peut se conserver facilement dans une salle de malades quand elle est enveloppée dans des couvertures de laine; mise en cave, il suffit de la protéger par une bonne couche de paille ou de sciure de bois. Il ne faut la casser en petits morceaux qu'au fur et à mesure des besoins.

La glace se conserve ainsi pendant longtemps, si on a soin de la disposer de manière que l'eau de fusion s'écoule d'elle-même.

On se sert aussi de glace pour rafraîchir une boisson destinée à un malade : on place le récipient contenant le liquide à rafraîchir dans un seau de bois, que l'on a rempli d'un mélange de glace pilée et de sel marin.

Gargarismes.

158. — Il importe que les malades sachent que certains liquides prescrits en gargarismes peuvent être dangereux à avaler : aussi, lorsqu'un infirmier indique au malade comment il faut se gargariser, il doit, dans ce cas, lui recommander de ne pas avaler le liquide.

Collyres.

159. — Ces médicaments, spécialement employés pour les maladies des yeux, sont appliqués sous deux formes : l'une liquide, l'autre pulvérulente.

Dans le premier cas, on instille directement dans l'œil du malade quelques gouttes du liquide, que l'on laisse tomber du flacon, bouché incomplètement, soit avec son bouchon de liège ou de verre, soit avec l'index de l'opérateur.

L'emploi du compte-goutte rend l'opération plus facile et plus sûre.

Le collyre liquide peut encore être introduit entre les paupières à l'aide d'un pinceau de blaireau.

Quand le collyre est pulvérulent, il peut être appliqué également par deux procédés.

De la main gauche, on écarte les paupières du malade et, prenant dans un tube quelconque la poudre médicamenteuse, on la souffle vivement dans l'œil.

Ce procédé de l'insufflation peut être utilisé pour injecter des poudres dans d'autres organes plus ou moins profonds, comme la bouche, les narines, le conduit auditif externe, etc.

On peut aussi envoyer la poudre dans dans l'œil en la chargeant sur un petit pinceau auquel on imprime une secousse au moyen d'une chiquenaude.

Injections.

160. — Pour introduire dans les cavités naturelles, bouche, anus, conduit auditif externe, narines, canal de l'urèthre, etc., les liquides médicamenteux, l'infirmier dispose de plusieurs appareils, qui varient suivant le but que l'on veut atteindre.

Si on veut obtenir l'introduction d'une petite quantité de liquide, c'est une *in-*

jection qui se pratique d'habitude avec une seringue.

Le volume et la nature de cet instrument varient suivant l'importance de l'injection que l'on veut faire.

S'il s'agit d'injection à pratiquer dans le nez ou le canal de l'urèthre, on se sert de petites seringues en verre ou en métal ; pour l'administration des lavements proprements dits, on se sert d'un appareil à ressort et à crémaillère que l'on appelle *irrigateur Éguisier*.

Ces appareils, seringues et irrigateurs, pour être maintenus antiseptiques, demandent des soins particuliers.

Irrigations.

161. — Quand les injections constituent par leur durée un véritable lavage, on les appelle irrigations. Leur emploi devient de plus en plus fréquent à mesure que l'antisepsie se généralise et se perfectionne, car l'irrigation des cavités closes est le meilleur moyen de détruire les germes morbibes qui y sont contenus.

L'irrigateur Éguisier peut être utile pour les irrigations de la bouche, du nez, de l'oreille, etc., mais on a tendance à lui préférer aujourd'hui un autre appareil plus simple, composé d'un récipient muni d'un long tube en caoutchouc et pourvu d'un robinet. La capacité du récipient est plus ou moins grande suivant le résultat à obtenir. Le liquide en sort par son propre poids et la force du jet varie suivant qu'on élève plus ou moins le récipient.

Si on n'a pas besoin de varier la force de pénétration du liquide, on se contente de suspendre le récipient à une certaine hauteur au-dessus du malade.

Cet appareil offre l'avantage d'être d'un entretien très facile, et de plus il est fort commode pour les lavages prolongés, parce que l'on peut y remplacer à volonté le liquide, sans interrompre son fonctionnement.

Pulvérisations.

162. — Quelquefois les liquides au lieu d'être employés sous la forme de jet sont pulvérisés à l'aide d'appareils spéciaux que l'on appelle *pulvérisateurs.*

Dans l'*appareil de Richardson*, la pulvérisation se produit par une projection simultanée de l'air et du liquide, dans des conduits particuliers, à l'aide d'une soufflerie à double poire en caoutchouc.

La pulvérisation des liquides médicamenteux au moyen du *Spray*, est déterminée par un jet de vapeur d'eau sous pression.

Toute substance médicamenteuse soluble peut ainsi être projetée sur des parties malades ou dans les cavités naturelles. On les projette aussi dans l'atmosphère, sur les meubles et sur les murailles des locaux infectés. Les substances antiseptiques les plus employées sont l'acide phénique, l'acide borique et le sublimé.

Quand les pulvérisations antiseptiques doivent être employées sur une grande échelle pour assainir des locaux et empêcher le développement d'une épidémie dans un hôpital ou dans une caserne, on se sert de pulvérisateurs spéciaux d'où l'air comprimé et les liquides sont projetés ensemble par une pompe aspirante et foulante : tels sont les pulvérisateurs de Geneste et Herscher, celui de Bernard et celui de Japy.

Sangsues.

163. — Les sangsues peuvent être appliquées sur toutes les parties de la peau, et même sur tous les points accessibles des cavités naturelles. La partie de la peau sur laquelle l'application des sangsues doit avoir lieu est lavée avec de

l'eau tiède et rasée au besoin. Les sangsues sont placées dans un linge où on
les roule légèrement, afin de les essuyer
et de les exciter à la fois.

Les sangsues sont posées en masse,
ou bien une à une. Quand on veut appliquer un certain nombre de sangsues à
la fois, on peut se servir d'un verre à
ventouses ou d'un petit verre à boire
dans lequel on place les sangsues; on
renverse le verre sur la partie indiquée,et
on l'y maintient jusqu'à ce que les sangsues soient fixées. On peut encore avoir
recours à un morceau de sparadrap de
diachylon que l'on roule en cornet.

Si les sangsues doivent être appliquées
une à une, on saisit l'animal par la queue
avec un linge fin et sec, de manière que
la partie antérieure de son corps dépasse
l'extrémité des doigts et que sa bouche
puisse être présentée à la partie qui doit
être mordue. On peut encore introduire
la sangsue dans un tube de verre d'un

diamètre assez étroit pour que l'animal ne puisse pas se retourner, ou bien dans une carte roulée. Quand on veut appliquer une sangsue dans le fond d'une cavité (de la bouche par exemple) où la sangsue pourrait pénétrer trop profondément, il faut passer à travers l'extrémité caudale de l'animal un fil dont les deux bouts sont noués et maintenus à l'extérieur.

Les sangsues se détachent d'elles-mêmes lorsqu'elles sont gorgées de sang. Quelquefois cependant, elles restent fixées à la peau, quoique très fortement distendues ; on peut alors provoquer leur chute en les touchant avec le doigt ou en les saupoudrant légèrement de sel marin : il ne faut jamais les arracher brusquement.

Après la chute des sangsues, le sang continue à couler. On facilite, selon les prescriptions du médecin traitant, cet écoulement par des lavages à l'eau tiède ou des cataplasmes émollients, que l'on renouvelle, s'il y a lieu, en ayant soin de laver la partie. Lorsque le sang cesse de couler, un petit caillot sanguin ferme les piqûres et en quelques jours la guérison est obtenue sans aucun pansement.

L'écoulement du sang qui suit l'application des sangsues s'arrête quelquefois très difficilement ; il est donc nécessaire de surveiller les malades auxquels des sangsues ont été appliquées et de s'assurer que l'hémorrhagie ne continue pas après que le pansement a été fait. Pour l'arrêter, le moyen le plus simple consiste à appliquer légèrement l'extrémité d'un doigt sur la piqûre, et l'y maintenir pendant quelques minutes afin de favoriser la formation d'un caillot. Si ce moyen simple échoue, l'infirmier de visite doit faire prévenir le médecin de garde, tout en continuant la compression.

Ventouses.

164. — Les émissions sanguines s'obtiennent aussi par l'application de ventouses scarifiées.

L'application des ventouses scarifiées comprend deux temps : l'application de la ventouse proprement dite qui fait un appel de sang, et la scarification de la région dans laquelle on veut faire l'émission sanguine.

Les ventouses sont dites sèches si on ne les scarifie pas. Pour appliquer une ventouse, il faut d'abord échauffer l'air contenu dans sa cavité avec un petit fragment de papier léger ou de coton enflammés et la poser rapidement à plat en pressant quelque peu sur la peau, sans craindre de produire une brûlure. En obturant bien la ventouse, le coton s'éteint faute d'air. Le vide se faisant dans sa cavité par le refroidissement, la peau y est attirée en formant comme un champignon.

Quand la ventouse est bien appliquée. elle ne tombe pas toute seule facilement.

Pour l'enlever, il faut toujours déprimer la peau avec le doigt sur un point de son pourtour afin d'y faire pénétrer l'air : la ventouse se détache alors toute seule.

Quand la ventouse est enlevée, elle laisse une tache livide formée par du sang extravasé à travers les tissus.

Le soin de scarifier la ventouse incombe au médecin aide-major de la division. Cette opération consiste à faire sur la surface congestionnée, à l'aide d'un bistouri ou d'un rasoir, quelques incisions très superficielles et parallèles entre elles.

Pour obtenir un écoulement de sang suffisant, on chauffe de nouveau la ventouse et on l'applique sur les surfaces scarifiées. Le sang s'écoule assez rapidement et s'accumule dans la cavité de la ventouse.

La ventouse, une fois remplie, s'enlève avec les mêmes précautions prises pour l'appliquer. On évitera de répandre le sang qu'elle contient; on peut la réappliquer une seconde fois.

Quand la ventouse est enlevée, l'hémorrhagie s'arrête de suite, et on panse les incisions avec des compresses d'eau boriquée ou une feuille de coton cardé que l'on maintient par un bandage approprié.

Emplâtres.

165. — Les uns servent simplement, comme l'emplâtre de diachylon, de moyens de protection ou de réunion; d'autres sont en même temps des agents antiseptiques, comme l'emplâtre mercuriel de Vigo ; d'autres enfin, comme le thapsia et le vésicatoire, en raison des propriétés particulières des substances qui leur sont incorporées, sont destinés à produire une action révulsive sur la peau.

Le thapsia développe une éruption

vésiculeuse, accompagnée de rougeurs et de démangeaisons intenses.

Le vésicatoire provoque, au bout de sept ou huit heures, une grosse ampoule pleine de liquide, formée par le soulèvement de l'épiderme, comme dans les brûlures.

L'éruption du thapsia ne nécessite pas de pansement spécial; dans le cas seulement où le malade fait usage de flanelle sur la peau, il faut protéger celle-ci par des compresses en toile et de la poudre d'amidon.

L'emplâtre vésicatoire était autrefois préparé par les infirmiers eux-mêmes, qui étalaient la substance active sur une plaque de diachylon de la dimension prescrite par le médecin traitant.

On emploie aujourd'hui de préférence des emplâtres vésicants sur toile cirée, dont la surface est régulièrement quadrillée (vésicatoire Albespeyres). Il suffit de tailler dans le tissu un morceau de la forme et des dimensions prescrites par le médecin traitant et de l'appliquer directement sur la peau, après l'avoir légèrement chauffé : on obtient une adhérence immédiate.

Il est bien entendu que si la peau est couverte de poils dans la région où doit être appliqué le vésicatoire, il faut commencer par la raser ; on la lave avec soin et on enlève à l'aide du savon les corps gras qui peuvent la recouvrir ; on pose ensuite l'emplâtre comme il vient d'être dit. S'il s'applique mal à cause de la conformation de la région, il faut l'entailler sur ses bords à l'aide de ciseaux. Le vésicatoire est recouvert par une compresse pliée en plusieurs doubles, sur laquelle on place une large et épaisse couche de coton cardé : tout le pansement est maintenu par un bandage approprié.

Au bout de 12 heures, en moyenne, l'épiderme est soulevé dans toute l'étendue occupée par l'emplâtre ; celui-ci doit alors être enlevé, et on procède au pansement. On incise à cet effet l'épiderme soulevé par la couche de liquide, de manière à faire écouler celui-ci. On se gardera bien d'arracher l'épiderme et l'on pansera à plat. Il suffit de placer directement sur toute l'étendue de la surface du vésicatoire une compresse de gaze enduite de vaseline boriquée, que l'on recouvre d'une couche de coton hydrophile de 4 centimètres d'épaisseur et dépassant largement les bords du vésicatoire surtout dans sa partie déclive ; on maintient le tout par un bandage approprié. Ce pansement n'a besoin d'être renouvelé que lorsque les liquides écoulés l'ont sali.

CHAPITRE XVIII

THERMOMÉTRIE

Usage du thermomètre.

166. — Cet instrument, destiné à mesurer la température, doit être familier à tous les infirmiers, car il est d'un emploi constant dans le service hospitalier pour apprécier le degré de température des salles de malades, des bains simples ou médicamenteux et pour prendre la température du malade lui-même.

Description du thermomètre.

167. — Il se compose d'un tube en verre fermé aux deux bouts et pourvu, à l'une de ses extrémités, d'un renflement nommé cuvette. Celle-ci renferme un liquide qui, en se dilatant par la chaleur, monte dans la tige en verre à des hauteurs variables suivant le degré de température auquel correspond la dilatation du liquide. Chaque thermomètre est pourvu d'une échelle graduée dont le zéro correspond à la température de la glace fondante et le n° 100 à celle de l'eau bouillante. Cette échelle, divisée en cent degrés, caractérise le thermomètre centigrade qui est le plus en usage en France.

Thermomètre pour les salles.

168. — Le thermomètre employé dans les salles de malades contient du mercure ou de l'alcool qui a été coloré en rouge pour que la lecture en soit plus facile.

Le tube est fixé sur une planchette qui porte les divisions de l'échelle centigrade et qui permet d'appliquer le thermomètre contre l'un des murs de la salle. On aura soin de le placer loin des fenêtres et du poêle, pour avoir la température moyenne.

Thermomètre pour les bains.

169. — Le thermomètre pour les bains est généralement à alcool. Il est monté sur une plaque de liège qui lui sert de flotteur.

Thermomètre médical.

170. — Le thermomètre médical proprement dit est de forme toute spéciale : il est simplement constitué par un tube en verre épais dans lequel se trouve une colonne de mercure.

L'échelle de graduation est gravée sur ce tube. Elle est restreinte aux degrés compris entre les extrèmes de température du corps humain, dont la chaleur normale varie entre 36°5 et 37°5 centigrades. Au-dessus de 37°5 il y a fièvre ou *hyperthermie,* au-dessous de 36°5 il y a abaissement de température ou *hypothermie.*

La graduation du thermomètre médical s'étend du 35° au 42° degré centigrade.

Chaque degré est lui-même divisé soit en dix, soit en cinq parties égales, représentant un ou deux dixièmes de degré.

Mode d'emploi du thermomètre médical.

171. — Pour prendre la température, l'infirmier commence par déboutonner la chemise du malade et par écarter son bras du corps. Il essuie, avec une compresse, le creux de l'aisselle pour le débarrasser de la sueur qui peut s'y trouver, puis il y place avec précaution la cuvette du thermomètre. Il maintient celui-ci immobile de la main droite, la tige dirigée en avant et un peu vers le haut, pendant que sa main gauche rapproche le bras du corps, de manière que les surfaces cutanées des parois de l'aisselle soient en contact bien intime avec l'instrument. Il s'assure que la chemise n'est pas interposée entre la tige de verre et les parois de l'aisselle. Enfin, il recommande au malade de rester tranquille et de ne pas écarter le bras qui maintient le thermomètre fixé. Si le malade est agité, l'infirmier doit tenir lui-même l'instrument et le bras du malade jusqu'à la fin de l'opération. Celle-ci dure dix minutes au moins. La lecture de l'échelle graduée doit être faite avant que le thermomètre ne soit retiré de l'aisselle.

Feuille de température.

172. — La température de chaque malade est inscrite deux fois par jour, ou plus souvent selon les prescriptions du médecin traitant, sur une feuille spéciale qu'on appelle feuille de température. (Voir la figure ci-contre.) Cette feuille est divisée en colonnes verticales et horizontales. Chaque colonne verticale correspond aux jours du mois et à ceux de la maladie. Elle est subdivisée en deux parties qui correspondent à la température du matin et à celle du soir.

Les colonnes horizontales sont en re-

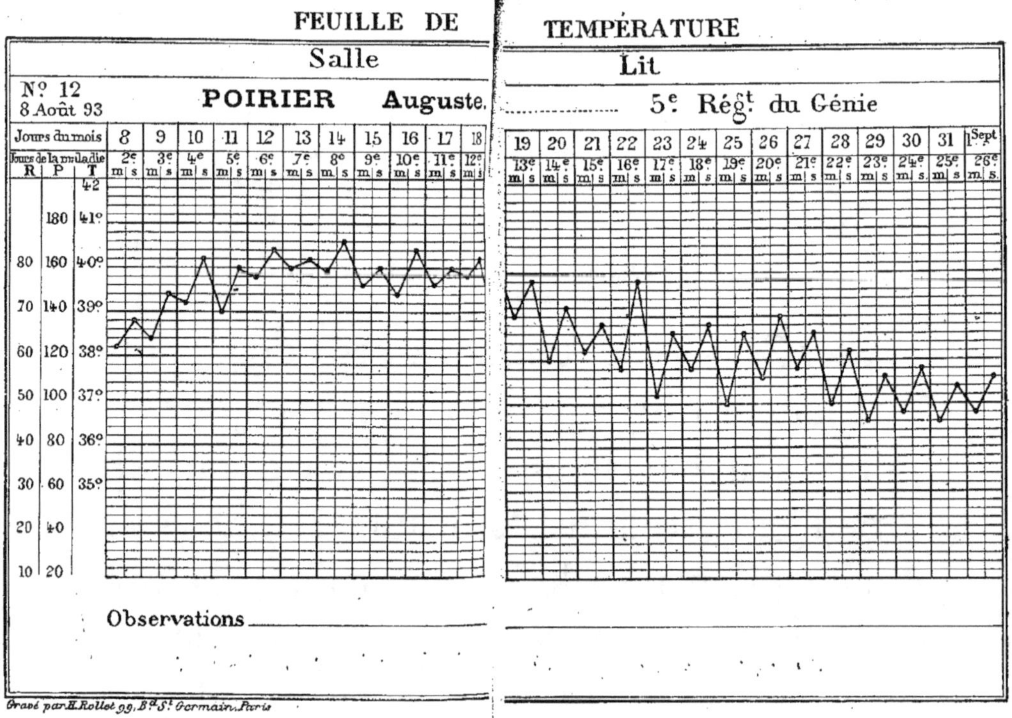

FEUILLE DE   TEMPÉRATURE

Salle

Lit

N.º 12
8 Août 93

POIRIER   Auguste.

5.ᵉ Rég.ᵗ du Génie

Jours du mois | 8 | 9 | 10 | 11 | 12 | 13 | 14 | 15 | 16 | 17 | 18
Jours de la maladie | 2ᵉ | 3ᵉ | 4ᵉ | 5ᵉ | 6ᵉ | 7ᵉ | 8ᵉ | 9ᵉ | 10ᵉ | 11ᵉ | 12ᵉ

Jours du mois | 19 | 20 | 21 | 22 | 23 | 24 | 25 | 26 | 27 | 28 | 29 | 30 | 31 | 1ᵉʳ Sept
Jours de la maladie | 13ᵉ | 14ᵉ | 15ᵉ | 16ᵉ | 17ᵉ | 18ᵉ | 19ᵉ | 20ᵉ | 21ᵉ | 22ᵉ | 23ᵉ | 24ᵉ | 25ᵉ | 26ᵉ

R | P | T
42
180 | 41°
80 | 160 | 40°
70 | 140 | 39°
60 | 120 | 38°
50 | 100 | 37°
40 | 80 | 36°
30 | 60 | 35°
20 | 40
10 | 20

Observations

Gravé par H. Rollet 99, B.ᵈ S.ᵗ Germain, Paris

gard des degrés de température. Chaque colonne est subdivisée elle-même en cinq parties égales correspondant à deux dixièmes de degré.

L'indication de la température se fait par un point que l'on inscrit à l'intersection de la ligne horizontale indiquant le degré thermométrique et de la ligne verticale correspondant au jour de la maladie. La colonne de gauche sert à inscrire la température du matin, celle de droite la température du soir.

La réunion de tous ces points par des traits pleins donne une ligne brisée qui constitue ce qu'on appelle la *courbe thermométrique.*

Recommandations essentielles. — L'aspect de cette courbe présente une grande valeur pour le médecin traitant au point de vue du diagnostic et du pronostic de la maladie. Il est donc de toute nécessité que l'infirmier chargé de prendre la température soit familiarisé avec cette opération et bien pénétré de l'importance qui en résulte pour le salut du malade. Toute erreur dans l'exécution de la courbe de température par négligence, maladresse ou mauvaise foi de l'infirmier, tromperait le médecin traitant et pourrait entraîner les conséquences les plus graves au point de vue du traitement.

Il importe essentiellement que la feuille sur laquelle les températures sont inscrites ne parvienne d'aucune manière à la connaissance du malade, qui doit ignorer même le résultat partiel de chaque observation.

Il est important que l'infirmier sache bien que l'indication de la température n'est pas tout dans l'appréciation de la gravité de l'état d'un malade ; il est des maladies qui, sans élever ou abaisser sensiblement le degré de température, sont cependant rapidement mortelles : telles sont certaines angines diphtéritiques, l'œdème de la glotte, l'apoplexie cérébrale, les congestions pulmonaires avec ou sans crachement de sang, la hernie étranglée ou l'étranglement intestinal, etc. ; il est donc indispensable que l'infirmier surveille très attentivement l'état général du malade dont il prend la température, afin de pouvoir appeler d'urgence le médecin de garde dès qu'il a lieu de le croire en danger, bien que la température reste à peu près normale.

En raison des différences qui peuvent exister dans la graduation des thermomètres, il est bon de se servir toujours du même instrument pour le même malade, autant que possible.

Thermomètre médical à maxima.

173. — On fait encore usage d'un thermomètre médical dit *à maxima*. Dans ce thermomètre, un *index*, placé dans la colonne de mercure, s'arrête au moment ou la température atteint le point le plus élevé et demeure en place. Cet instrument permet au médecin traitant de lire lui-même, au moment de sa visite, les indications du thermomètre. Après la visite, on remet l'*index* dans sa position normale en imprimant au thermomètre, tenu par son extrémité supérieure, une ou plusieurs secousses brusques, ou en frappant délicatement et à petits coups avec sa cuvette sur un plan résistant jusqu'à ce que l'index soit de nouveau remis en contact avec le mercure.

Ce mouvement doit avoir lieu de telle sorte que le bras ne rencontre aucun obstacle, dont la résistance aménerait inévitablement la rupture du thermomètre.

On peut encore tenir verticalement le thermomètre de la main droite, la cuvette en bas, et frapper avec le poignet droit sur le poing gauche, de manière qu'aucun choc ne soit directement communiqué à l'instrument lui-même. Si l'on observait accidentellement une interruption dans la colonne de mercure, on userait des mêmes procédés pour rétablir la continuité du liquide.

CHAPITRE XIX

HYDROTHÉRAPIE

Traitement hydrique.

174. — La pratique du traitement hydrique doit être familière à tous les infirmiers, dans son ensemble et dans ses détails, parce qu'ils ont à l'appliquer journellement.

Les procédés employés sont très nombreux et très variés : il suffit de connaître les plus usuels.

Lotions.

175. — Elles peuvent être faites sur une partie du corps ou sur le corps tout entier; elles sont tièdes ou froides.

Elles sont pratiquées avec une éponge ou une compresse imbibée d'eau pure ou d'eau vinaigrée, que l'on passe rapidement sur les parties que l'on veut lotionner. Pour sécher le malade on l'enveloppe dans une couverture de laine.

Enveloppement dans un drap mouillé.

176. — Ce procédé de traitement consiste à tremper un drap de lit dans l'eau froide, à l'exprimer avant de s'en servir, à en envelopper le malade, et enfin à placer par-dessus une grosse couverture de laine dans laquelle on roule celui-ci. La durée de l'enveloppement est indiquée par le médecin traitant.

Bains.

177. — Le traitement par les bains est d'un usage si fréquent, qu'il paraît banal et inoffensif. Il a cependant une grande importance, et demande à être surveillé de très près.

Les bains peuvent s'appliquer à une partie limitée du corps : ils portent alors les noms particuliers de pédiluves, de manuluves, de bains de siège, etc., ou ils s'adressent au corps tout entier, ce sont alors des bains généraux. Ceux-ci sont donnés habituellement dans une baignoire; mais dans quelques grands établissements hydrothérapiques et dans les hôpitaux d'eaux minérales ils peuvent être pris dans des piscines communes.

La température du bain est variable suivant les effets que veut obtenir le médecin traitant.

De 15° à 25°, le bain est froid ;
De 25° à 30°,   —   tempéré ;
De 30° à 33°,   —   tiède ;
De 34° à 38°,   —   chaud.

Le bain simple est donné avec de l'eau pure. Il est médicamenteux quand on y ajoute une substance quelconque, pour obtenir un effet spécial.

Les bains médicamenteux les plus usités sont dits, suivant leur nature : bain alcalin, d'amidon, aromatique, mercuriel, savonneux, de sel, sinapisé, de son, sulfureux, de sublimé, etc. Ce dernier est toujours préparé sous les yeux du médecin de garde, qui verse lui-même dans le bain la solution de sublimé.

La durée moyenne des bains chauds est d'une demi-heure : elle peut varier suivant les prescriptions.

Pour les bains froids, elle est beaucoup plus courte et dépasse rarement 10 minutes, à moins d'indication formelle du médecin traitant. A la sortie des bains froids, le malade doit être frictionné de façon à favoriser la réaction, c'est-à-dire le retour à la chaleur.

Douches.

178. — On ne saurait ici faire une description, même sommaire, des nombreux appareils à l'aide desquels on administre les douches. Les principaux ont pour effet de donner des douches en pluie, en lance, en lame, en cercle :

on donne aussi des douches périnéales et des douches ascendantes.

Les douches peuvent être données, soit avec de l'eau froide, soit avec de l'eau chaude, suivant les prescriptions du médecin traitant, ou même alternativement chaude et froide ; dans ce dernier cas, on les appelle douches écossaises.

L'eau de la douche peut être remplacée par un jet de vapeur ; c'est alors la douche de vapeur.

Bains de vapeur et fumigations.

179. — Les *bains de vapeur* sont ceux dans lesquels le corps tout entier est soumis à l'action de l'eau réduite en vapeur.

On les administre ordinairement dans des étuves, chambres bien closes, dans lesquelles on fait arriver de la vapeur jusqu'à ce que la température se soit élevée à environ 45° centigrades. La vapeur se portant vers la partie supérieure de l'étuve, il faut recommander aux malades, lorsqu'il existe des gradins en amphithéâtre, de se placer sur les gradins les plus élevés.

Les bains de vapeur peuvent être pris d'une manière beaucoup plus simple, à l'aide d'un appareil qui sera décrit plus loin en parlant des fumigations.

La durée du bain de vapeur est de 25 à 30 minutes ; à sa sortie du bain, le malade est enveloppé dans une couverture de laine et mis dans un lit, où il continue de suer pendant plusieurs heures.

La *fumigation* est le séjour plus ou moins prolongé du corps tout entier ou d'une partie, dans un milieu rempli de vapeurs résultant de la combustion de certains principes médicamenteux, ou de la volatilisation de substances minérales.

Les fumigations sont employées comme moyens thérapeutiques et comme moyens hygiéniques. On distingue les premières en fumigations *sèches, humides, générales* et *locales*.

Les fumigations *sèches* se pratiquent avec des substances qu'on rend volatiles par la chaleur ; elles sont aisément supportées à une température élevée de 60° centigrades, tandis que les fumigations *humides* le sont difficilement au delà de 45° centigrades.

Les fumigations *générales* s'administrent à l'aide d'une boîte en bois bien fermée, dans laquelle le malade est assis ; la tête sort par une ouverture à coulisse, fermée aussi exactement que possible, pour que les vapeurs ne puissent pas s'échapper de l'intérieur de l'appareil et incommoder le malade ; l'intervalle qui existe entre le cou et cette ouverture est bouché avec une serviette ou un drap. A la partie inférieure de la boîte se trouve un autre trou, qui donne passage à un tuyau qui amène la vapeur.

Si le malade ne peut pas se lever, on

soulève les couvertures de son lit au moyen de cerceaux, et on fait arriver par le pied du lit, de l'air chaud ou de la vapeur ; le lit, dans ce cas, remplace la boîte à fumigation. Un appareil simple et commode à la fois pour pratiquer des fumigations sèches consiste en un tuyau de poêle coudé dont la portion verticale, de 60 à 80 centimètres environ, est placée en dehors et au pied du lit, et la portion horizontale, de 30 à 40 centimètres, est introduite sous les couvertures qui sont soulevées par des cerceaux. Une lampe à alcool à trois mèches, pouvant contenir 200 grammes de ce liquide, est placée à l'orifice du tuyau qui repose sur le plancher ; cet orifice est légèrement entaillé dans sa circonférence, afin de faciliter l'introduction de l'air extérieur. On allume d'abord les trois mèches pour produire immédiatement l'action la plus intense, et, quand l'effet doit être ralenti, on éteint une des mèches, puis la seconde.

Afin que le métal qui s'échauffe ne brûle pas les effets de couchage, le tuyau horizontal est recouvert d'un manchon en bois sur lequel reposent les couvertures.

On peut encore remplacer la boîte fumigatoire par un appareil composé de montants en bois, articulés entre eux, et d'inégale hauteur qu'on recouvre d'une toile imperméable dont un des bords touche le sol, l'autre étant fixé autour du cou du malade, qui est assis sur une haise au centre de cet appareil. La vapeur arrive par un tuyau flexible qui s'adapte au couvercle d'une petite chaudière placée sur un réchaud.

Les fumigations *partielles* ou *locales* des membres s'administrent de la même manière.

Les fumigations dans les *oreilles*, les *fosses nasales*, se font à l'aide d'un flacon en verre à deux tubulures; l'une sert à introduire l'eau et les substances médicamenteuses, l'autre donne passage à un tube qui conduit la vapeur sur la partie malade. On peut, à défaut de ces appareils, se servir d'un vase recouvert complètement par la partie évasée d'un entonnoir dont l'autre extrémité sert de tube conducteur à la vapeur.

CHAPITRE XX

BANDAGES

Manière de rouler les bandes.

180. — Pour rouler une bande, on replie sur lui-même quatre ou cinq fois un des chefs ; puis cette portion repliée est roulée en cylindre entre les doigts ; on saisit ensuite (fig. 1), entre l'extrémité du pouce et de l'index ou du médius de la main gauche, l'axe de ce petit rouleau ; on dispose entre la base du pouce et l'indicateur de la main droite placée de champ, la portion déroulée de la bande, qu'on laisse pendre. Alors les deux doigts de la main gauche font courir la bande de droite à gauche sur son axe, autour duquel le plein de la bande s'enroule successivement ; les doigts libres de la main gauche maintiennent fixée dans la paume de la main la partie déjà roulée, et l'on continue jusqu'à ce que la bande soit épuisée.

Le chef initial est fixé par un point

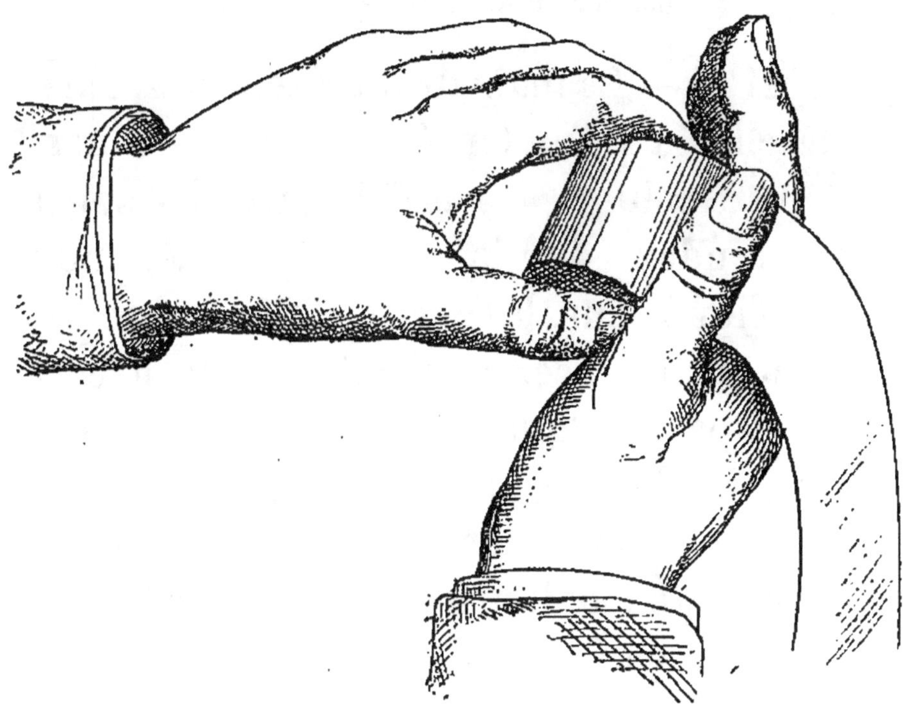

Fig. 1. — Manière de rouler les bandes.

de couture ou une épingle, pour empêcher le déroulement.

Dans les hôpitaux, on se sert d'un petit treuil pour rouler les bandes qui ont passé au blanchissage. Il faut avoir bien soin, pendant cette petite opération, de s'assurer que les bords de la bande ne font aucun pli.

Manière d'appliquer les bandes.

181.—La main droite prend la bande, le chef à dérouler étant placé en dessous ; celui-ci est saisi entre le pouce et l'index de la main gauche, puis appliqué sur la partie du membre où doit commencer le bandage. On fixe ce chef par quelques tours de bande circulaires (fig. 2), puis on continue l'application de la bande par des tours de spirale, en obliquant ses jets suivant la direction que l'on veut donner au bandage. Lorsque le globe est épuisé, on arrête la bande en fixant son chef terminal par des épingles. Les épingles doivent être plantées perpendiculairement à la longueur de la bande et leur pointe cachée dans l'étoffe.

Pour que le bandage soit solide, chaque tour de bande circulaire doit recouvrir le tour précédent du tiers ou

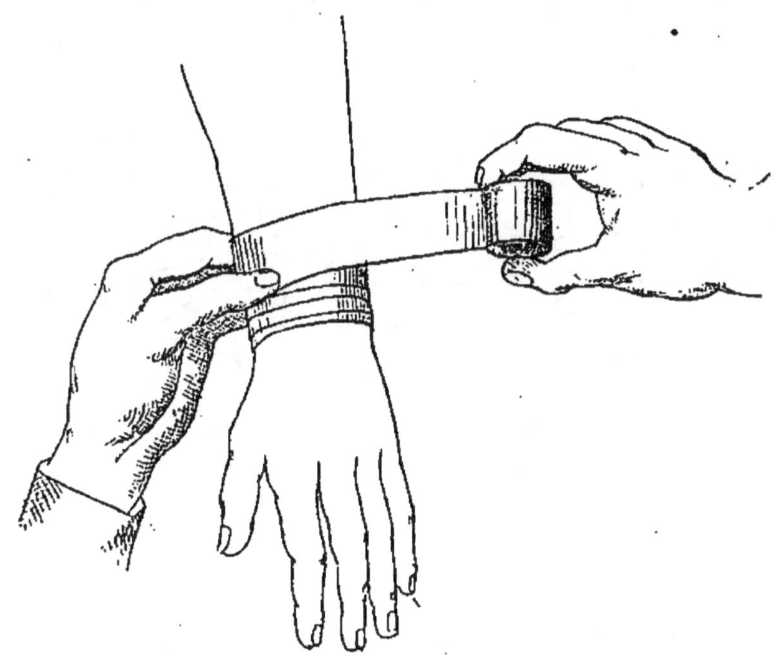

Fig. 2. — Manière d'appliquer les bandes.

de la moitié de sa largeur, suivant les cas.

Lorsqu'on place une bande sur une partie de forme conique, l'avant-bras par exemple, les jets de bande ne s'appliquent point également par leurs deux bouts : il se forme ce qu'on appelle un godet. On évite les godets en faisant des renversés ; ceux-ci s'obtiennent en repliant obliquement le jet de bande sur

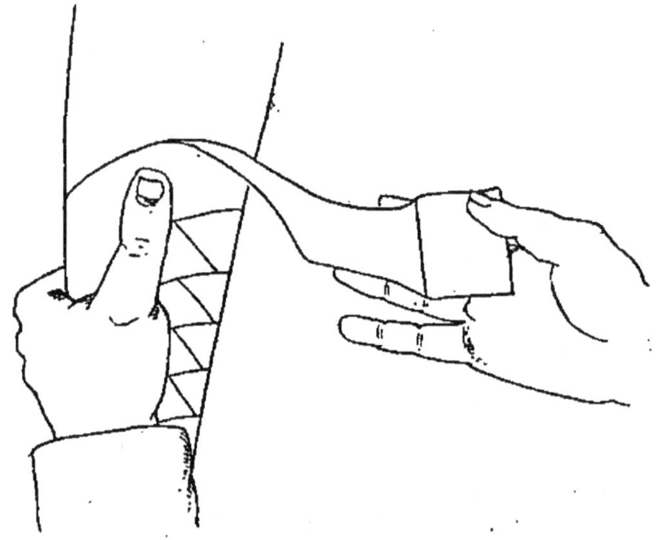

Fig. 3.— Manière d'appliquer les bandes.

lui-même, de la racine du membre vers son extrémité (fig. 3).

Pour enlever une bande, on détache l'épingle, on déroule les tours en pelotonnant la bande et en faisant passer la masse pelotonnée successivement d'une main dans l'autre.

Bandages simples.

182. — 1° *Bandages circulaires.* —
Les bandages circulaires sont formés de
tours de bande circulaires, perpendiculaires à l'axe du membre ; ils se recouvrent à peu près exactement les uns les
autres et *doivent être médiocrement
serrés, pour ne pas arrêter la circula-
tion du sang.*

2° *Bandages obliques.* — Ces bandages consistent dans des tours de bande
qui se recouvrent plus ou moins, comme
les précédents ; mais la direction des jets
est oblique par rapport à l'axe du membre.

3° *Bandage spiral d'un doigt* (fig. 4).
— On fait deux circulaires autour du poignet, on passe un jet de bande sur le dos
de la main, jusqu'à la base du doigt malade, dont on gagne l'extrémité par une
spirale allongée ; arrivé là, on décrit deux
ou trois circulaires, puis on redescend
à la base du doigt par des spirales imbri-

quées, et l'on retourne au poignet, où l'on termine le bandage par des circulaires.

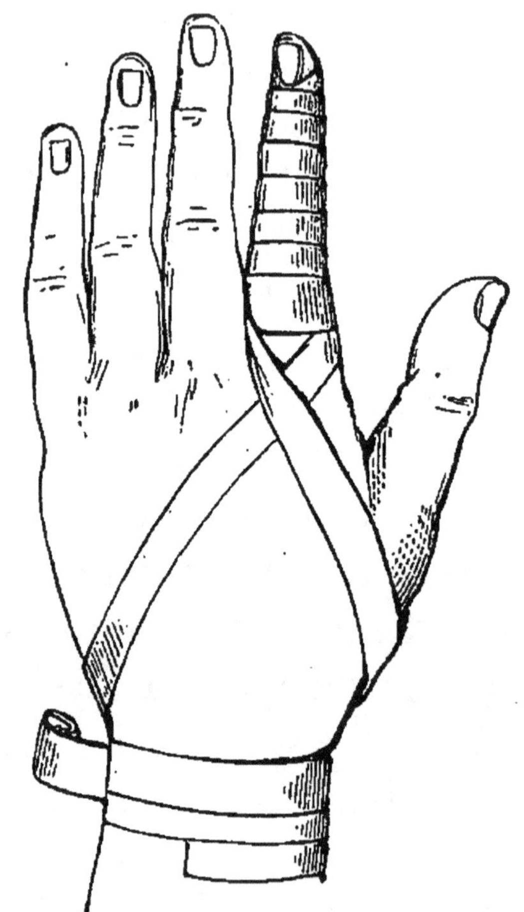

Fig. 4. — Bandage spiral d'un doigt.

4° *Bandage spiral de l'avant-bras* (fig. 5). — Fixez le chef initial par deux circulaires autour du poignet ; décrivez,

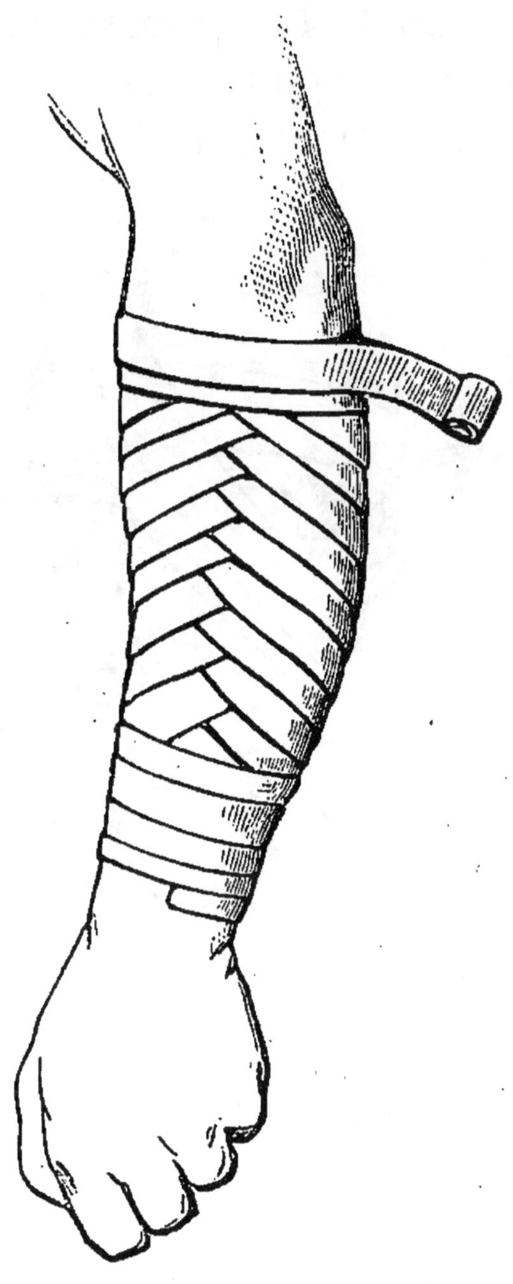

Fig. 5. — Bandage spiral de l'avant-bras.

en remontant l'avant-bras, des spiraux qui se recouvrent à moitié ; comme la partie est conique, faites autant de ren-

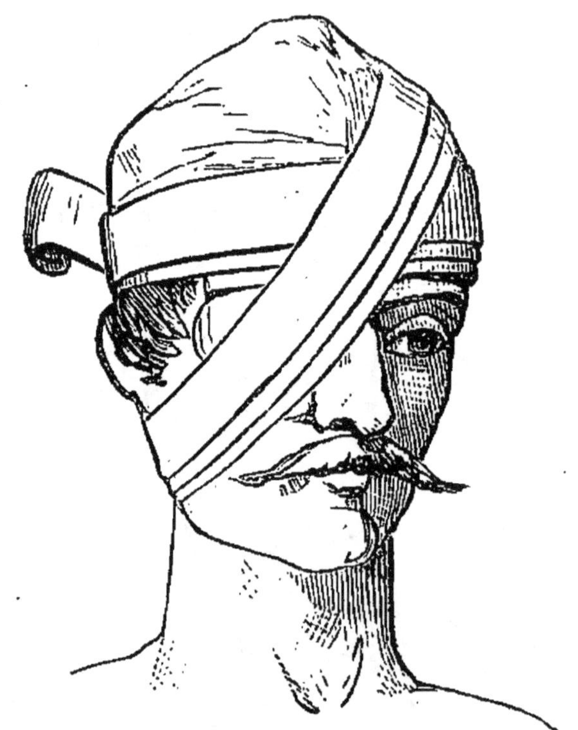

Fig. 6. — Croisé d'un œil ou monocle.

versés qu'il est nécessaire, sur la face antérieure ou postérieure de l'avant-bras, et terminez par des circulaires au pli du bras.

5° *Croisé d'un œil ou monocle* (fig. 6).

— Fixez le chef initial par deux circulaires horizontaux autour du front et de
la tête ; dirigez-les de gauche à droite

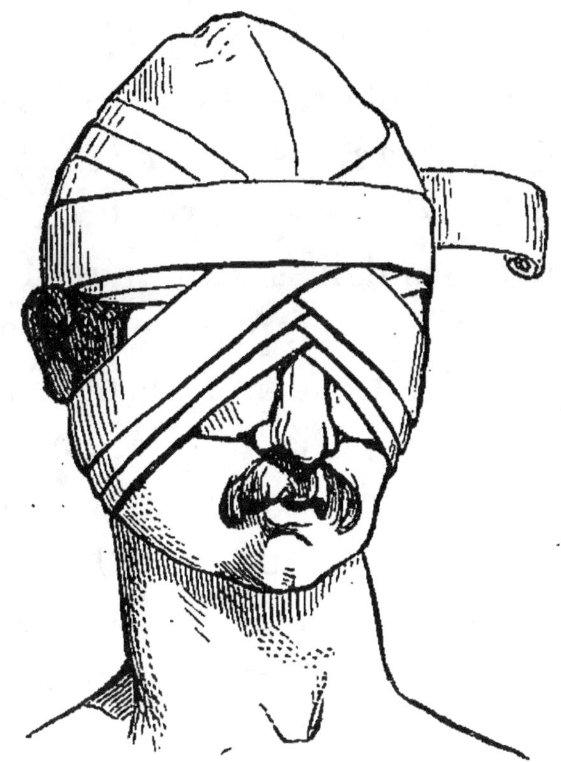

Fig. 7. — Croisé des yeux ou binocle.

pour recouvrir l'œil gauche et dans la
direction opposée pour recouvrir l'œil
droit ; arrivé à la nuque, portez la bande
sous l'oreille du côté malade, sur l'œil

qu'il faut recouvrir, sur le front, au-dessus de l'œil sain, au-dessus de la tempe, revenez à la nuque ; répétez deux ou trois fois ces tours obliques qui doivent se recouvrir aux deux tiers, en alternant avec des tours circulaires autour du front.

6° *Croisé des yeux ou binocle à un globe* (fig. 7). — On fixe le chef initial par deux circulaires autour du front, en portant, par exemple, le globe de la bande de droite à gauche et d'avant en arrière ; arrivé à la nuque, on le dirige sous l'oreille droite, sur l'œil droit au-dessus de la tempe gauche, vers la nuque, puis vers le front jusqu'à la racine du nez ; portez-le ensuite vers la joue gauche, en croisant la bande appliquée sur l'œil droit et en couvrant l'œil gauche de haut en bas, passez sous l'oreille gauche et revenez à la nuque ; décrivez ainsi deux ou trois croisés alternativement sur chaque œil en les imbriquant régulièrement sur la

ligne médiane et terminez par des circulaires horizontaux.

7° *Croisé de la tête et de la face*

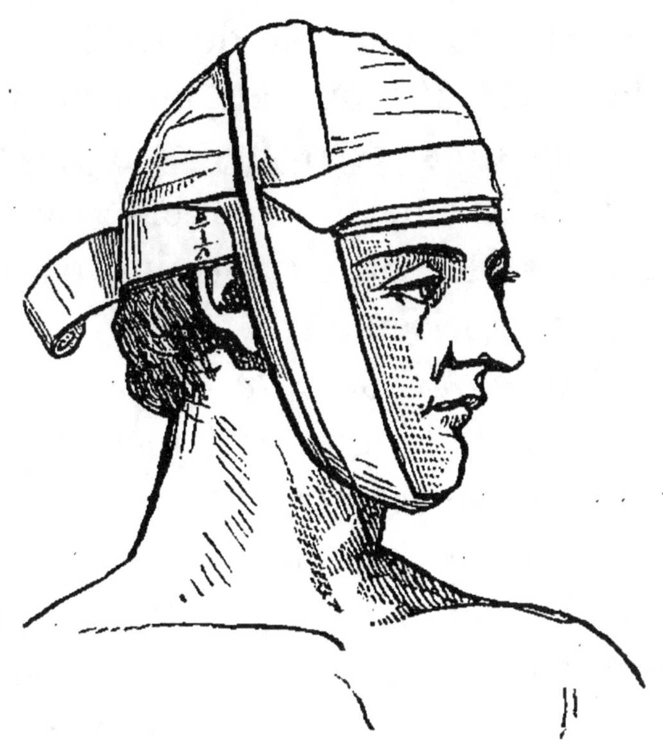

Fig. 8. — Croisé de la tête ou de la face.

(fig. 8). — On décrit deux circulaires
horizontaux autour du front et de la
tête; on fixe la bande au niveau d'une
des tempes avec la main gauche ou

mieux avec une épingle, on descend, après avoir mollement renversé la bande, au devant de l'oreille, sous le menton ; on la dirige au devant de l'oreille opposée, sur le sommet de la tête, puis sur le renversé ; on fait ainsi deux ou trois circulaires verticaux complets ; revenu à la tempe, on renverse de nouveau la bande, et on termine par des circulaires horizontaux

8° *Croisé ou spica de l'aine* (fig. 9). — Une bande longue de 8 mètres, large de $0^m,08$ est nécessaire.

Faites deux circulaires horizontaux autour du bassin ; dirigez la bande en passant sur l'aine vers la partie interne de la cuisse ; contournez celle-ci, croisez sur l'aine le premier jet de bande ; revenez au point de départ en contournant le bassin ; après avoir fait un jet circulaire à la ceinture décrivez les mêmes circuits, jusqu'à épuisement de la bande, en imbriquant de bas en haut les jets de

bande, de façon à donner aux croisés

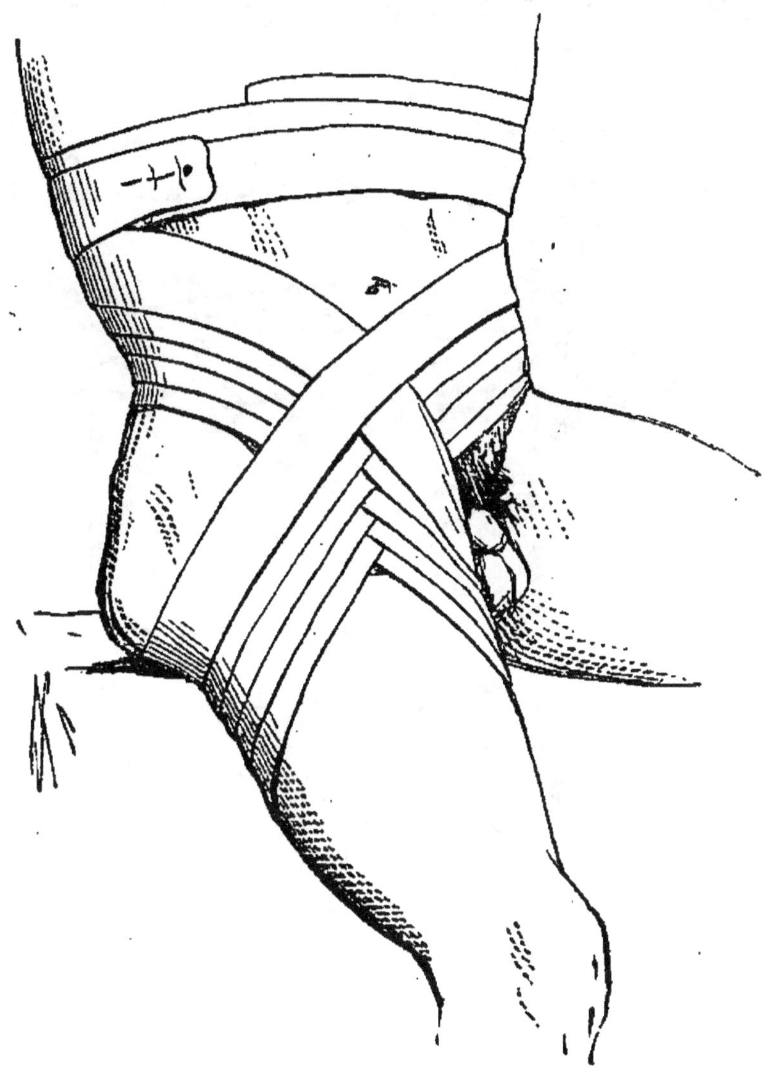

Fig. 9. — Croisé ou spica de l'aine.

faits sur l'aine la disposition de l'épi.

9° *Croisé des aines ou spica double* (fig. 10). — Une bande longue de

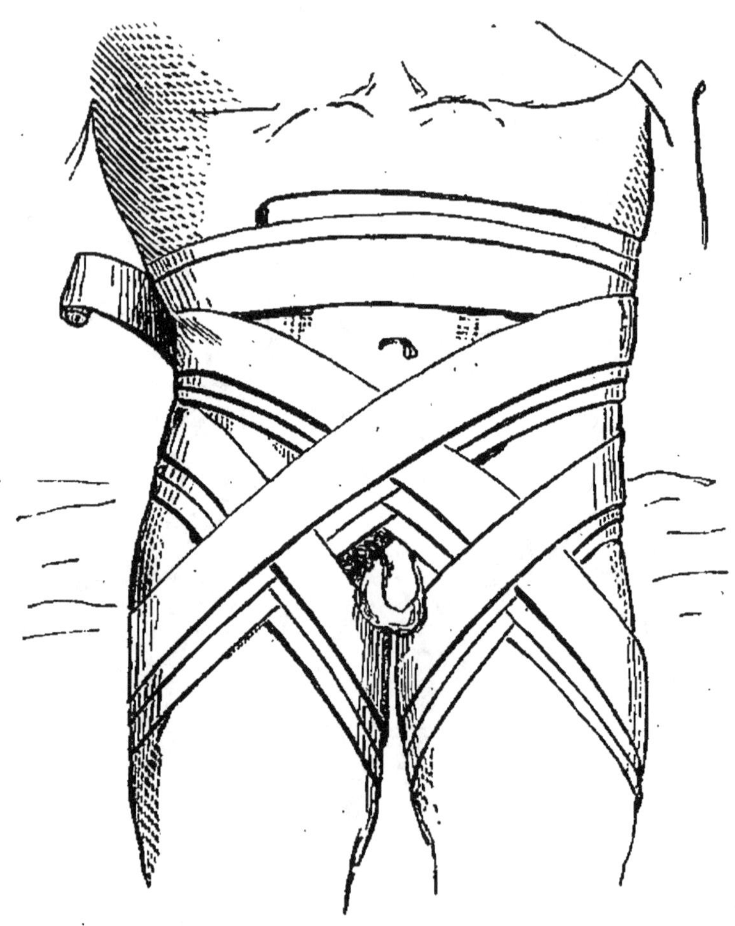

Fig. 10. — Croisé des aines ou spica double.

12 mètres, large de $0^m,08$ ou de quatre travers de doigt est nécessaire.

Faites deux circulaires autour du bassin en tenant le globe dans la main droite, par exemple ; descendez sur l'aine droite, sur le côté interne de la cuisse du même côté, puis en arrière, en dehors, et croisez la première circonvolution, comme dans le bandage précédent ; décrivez un circulaire horizontal autour du bassin ; descendez sur l'aine gauche, sur le côté externe de la cuisse du même côté ; puis en arrière, en dedans, croisez le jet de bande de l'aine gauche ; faites un demi-circulaire postérieur autour du bassin ; revenez au point de départ et continuez de la même manière jusqu'à l'épuisement de la bande.

10° *Croisé du cou-de-pied* (fig. 11). — Faites deux circulaires médiocrement serrés au tour du pied, remontez obliquement sur le cou-de-pied, faites un circulaire autour de partie inférieure de la jambe ; descendez obliquement sur le cou-de-pied en croisant la première circonvolution oblique, et continuez ainsi jusqu'à l'épuisement de la bande que vous arrêterez par des circulaires au-dessus des chevilles.

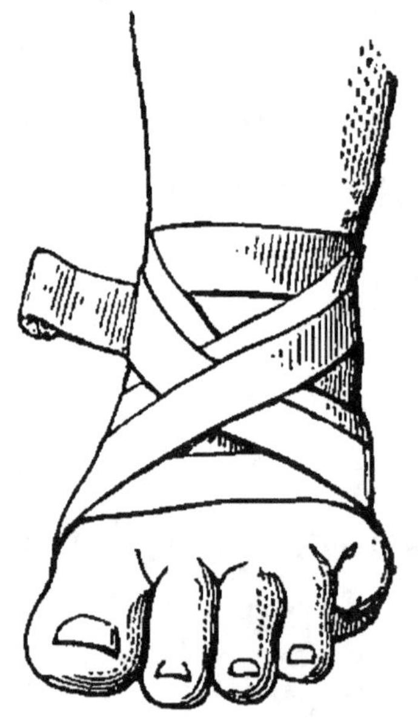

Fig. 11. — Croisé du cou-de-pied.

Au lieu de fixer le chef terminal par une épingle, on peut laisser pendre en dehors du cou-de-pied le chef initial de la bande, et pour finir on le noue avec le chef terminal.

11° *Bandage à entorse* (fig. 12 et
fig. 13). — Une bande longue de 7 mè-

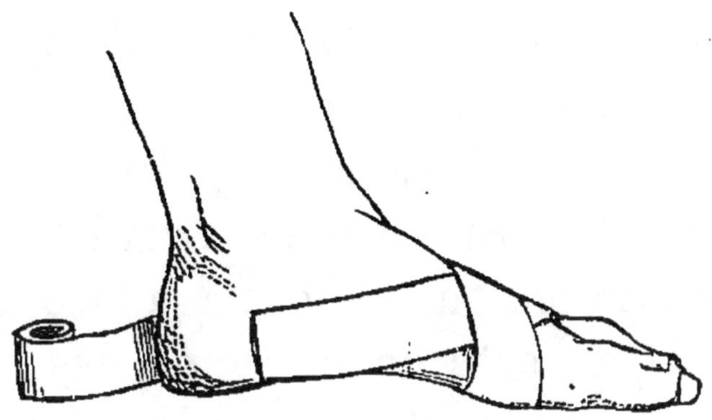

Fig. 12. — Bandage à entorse.

tres, large de $0^m,03$ est nécessaire.
Le pied étant entouré d'une couche

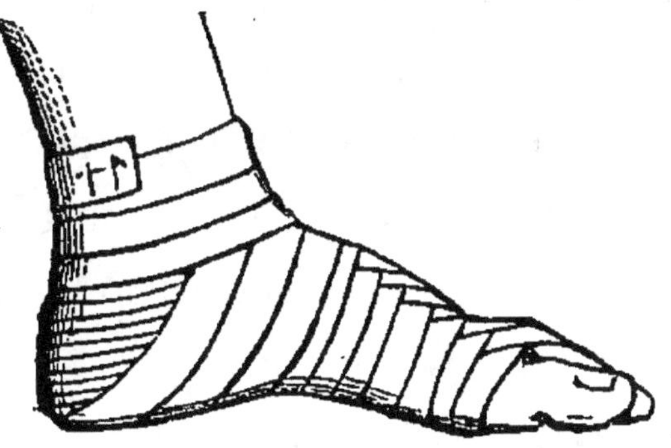

Fig. 13. — Bandage à entorse.

de coton cardé assez épaisse et bien régulière, le chef initial de la bande est

appliqué sur un des côtés du talon aussi en arrière que possible et de façon que ce chef déborde le plus possible le niveau de la face plantaire. Cette bande est ensuite conduite sur la face interne du pied (pied gauche) jusqu'à la naissance du gros orteil. Arrivée là, elle remonte obliquement sur la face dorsale du pied, près de la racine des orteils, croise carrément la face plantaire qu'elle contourne, pour regagner le côté du talon opposé au point de départ et recouvrir le chef initial de la bande. On continue ensuite les croisés qui se recouvrent aux trois quarts jusqu'à ce que le pied soit entièrement recouvert. On termine enfin par des circulaires au bas de la jambe. (Ce bandage est appelé bandage de Baudens.)

12° *Bandage plein triangulaire de la tête* (fig. 14). — Une pièce de linge carrée de $0^m,90$ de côté et pliée en triangle est nécessaire.

Saisissez la pièce avec les deux mains, les quatre doigts par-dessous, le pouce par-dessus et près de la partie moyenne

Fig. 14. — Bandage plein triangulaire de la tête.

du grand bord qu'on applique sur le front, dirigez vers la nuque les extrémités qu'on entrecroise et qu'on ramène horizontalement sur le front où on les fixe, soit par un nœud, soit avec des épingles ; tirez sur la partie du triangle pendant à la nuque pour appliquer le plein plus exactement, et relevez-la par dessus le croisé pour la porter au sommet de la tète où elle est attachée avec une épingle.

Écharpe quadrilatère (fig. 15). — Une pièce de linge longue de 1^m,20, large de 1 mètre, est nécessaire. Entourez la poitrine immédiatement au-dessous des seins avec un des grands côtés de la pièce de linge ; fixez-en les extrémités derrière le dos, soit par un nœud, soit par des épingles ; fléchissez l'avant-bras sur le bras et appliquez-le sur la poitrine ; relevez les deux bouts libres de l'écharpe au-devant du coude, de manière à bien soutenir l'avant-bras ; l'extrémité de l'écharpe qui est du côté malade est portée sur l'épaule du même côté ; on roule le bord supérieur qui lui fait suite et on engage l'autre extrémité sous l'ais-

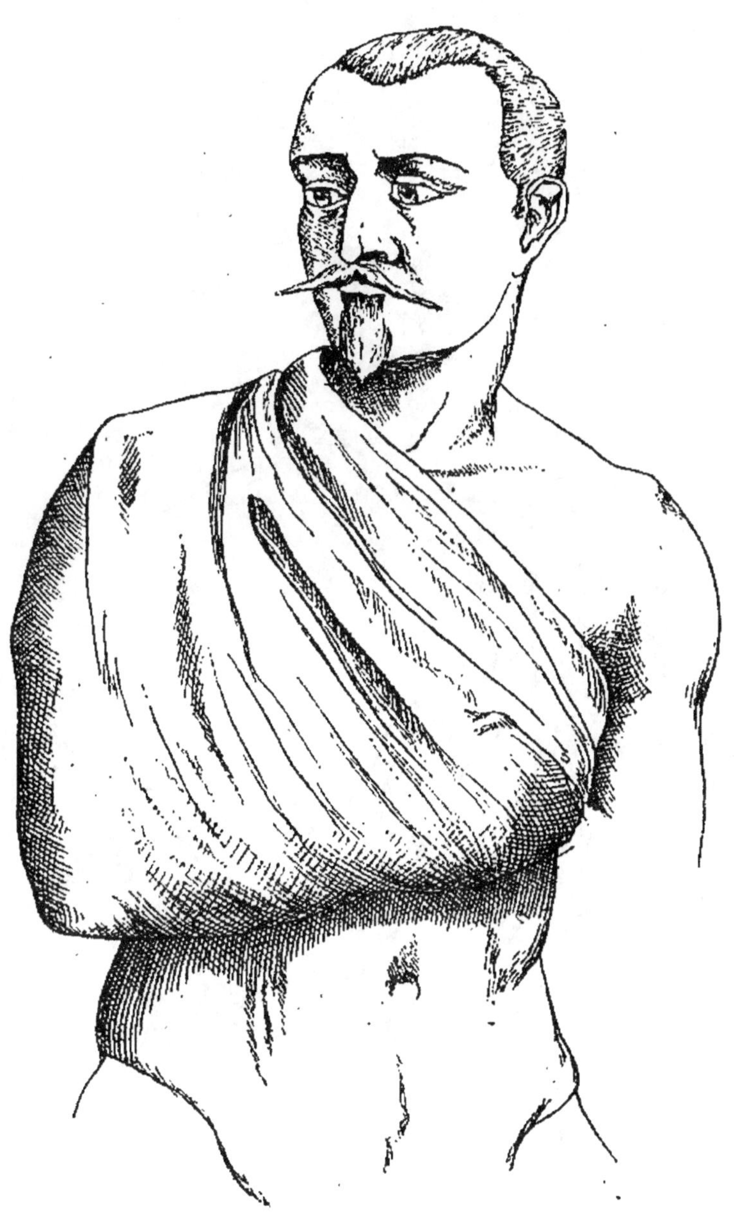

Fig. 15. — Écharpe quadrilatère.

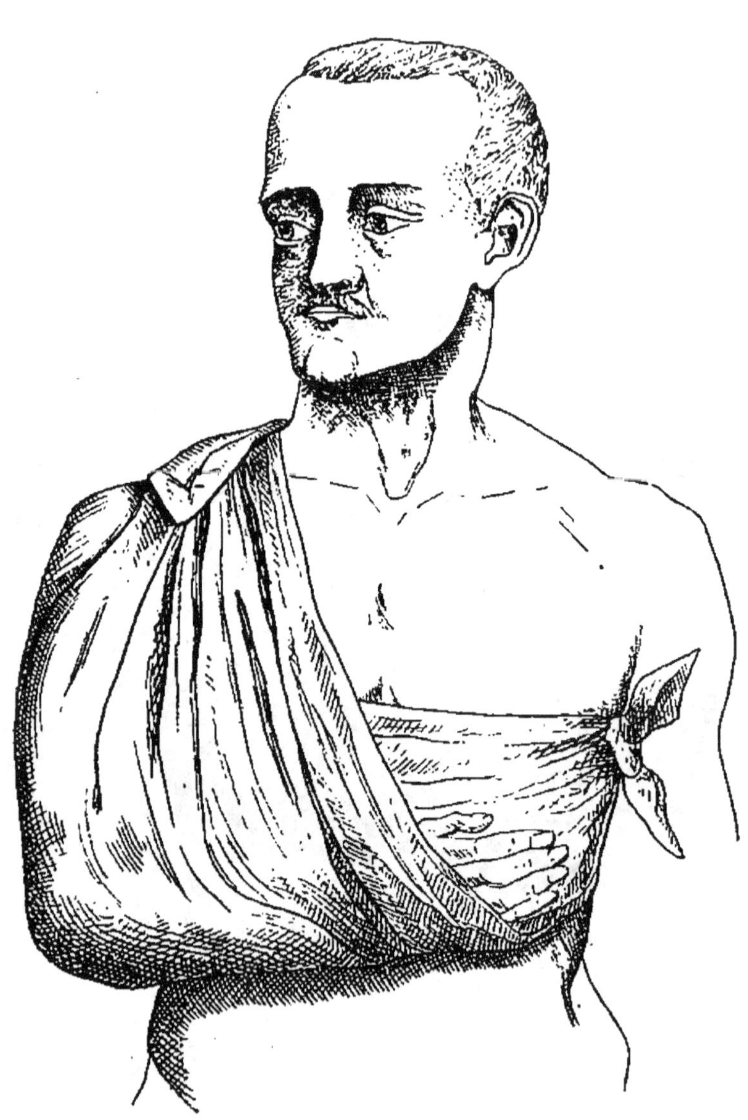

Fig. 16. — Echarpe triangulaire.

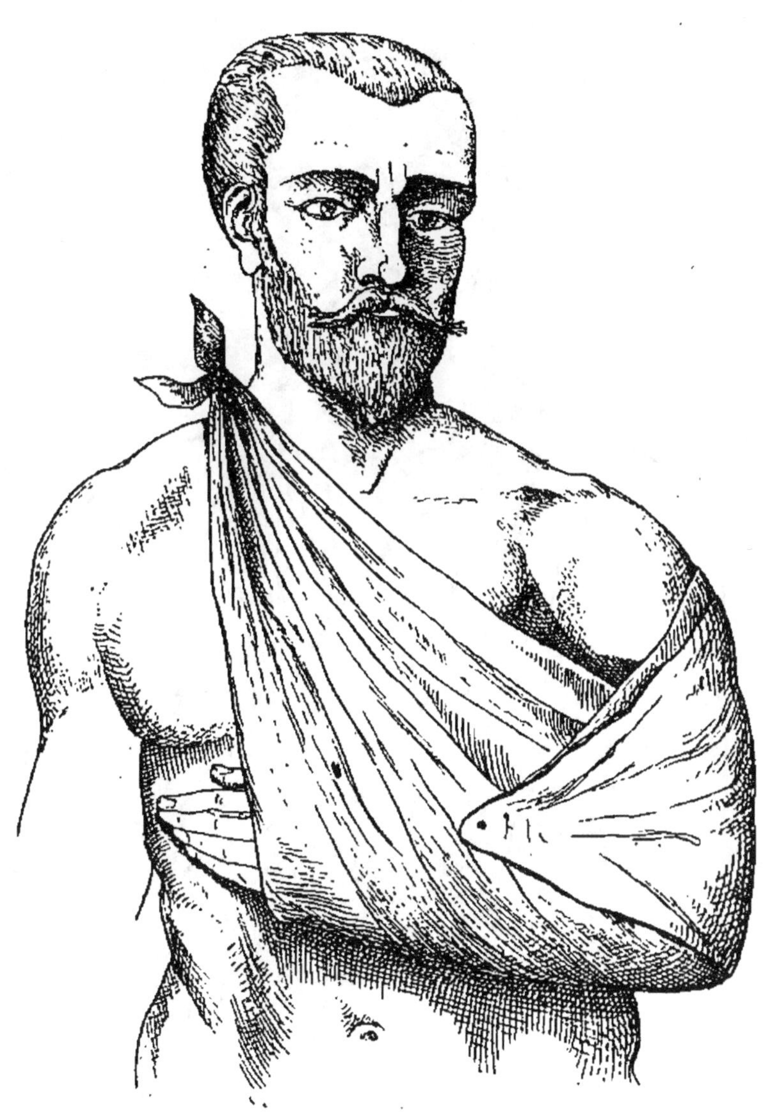

Fig. 17. — Écharpe oblique.

Fig. 48. — Écharpe moyenne ou ordinaire.

selle du côté sain ; enfin on la noue en arrière avec l'extrémité qui descend de l'épaule du côté malade.

Écharpe triangulaire (fig. 16). — Grande écharpe triangulaire du bras et de la poitrine. Une pièce de linge de $1^m,20$ carré, pliée en triangle, est nécessaire.

Placez la base du triangle horizontalement au-dessous des seins, portez les deux extrémités en arrière, nouez-les sur le côté du thorax opposé au bras malade, ou fixez-les par des épingles ; relevez les angles du sommet après avoir fléchi l'avant-bras sur le bras, dirigez-les sur l'épaule du côté malade et fixez-les en arrière à la portion horizontale du bandage après les avoir allongés avec une bande ou un autre lien.

. *Écharpe oblique* (fig. 17). — Une pièce de linge de 1 mètre carré est nécessaire.

Placez la base du triangle sous l'avant-bras, fléchi à angle aigu, le sommet correspondant au coude ; relevez obliquement les deux chefs, l'un en avant du bras, de l'avant-bras et de la poitrine, l'autre derrière le bras et le dos, jusqu'au-dessus de l'épaule du côté sain, pour les nouer ensemble sur cette région; repliez en avant le sommet du triangle et fixez-le par une épingle sur le chef antérieur.

Écharpe moyenne ou ordinaire (fig. 18). — Une pièce de linge de 1 mètre carré, pliée en triangle, est nécessaire.

Placez la base du triangle sous l'avant-bras fléchi, le sommet dirigé vers le coude; relevez les deux chefs que vous nouez derrière le cou, en faisant passer l'antérieur sur l'épaule saine, le postérieur sur l'épaule malade. Si l'on veut embrasser le coude, on replie le sommet entre le plein et l'avant-bras; dans le cas contraire, contournez le coude d'avant en arrière et fixez-le au plein, entre le bras et la poitrine.

Petite écharpe (fig. 19). — Une

Fig. 19. — Petite écharpe.

grande compresse, pliée deux ou trois fois longitudinalement sur elle-même et repliée en travers dans le milieu de sa longueur, est nécessaire.

Engagez la main ou le poignet dans l'anse que forme cette compresse repliée, et fixez les deux extrémités aux vêtements du malade par des épingles ou par un point de couture.

Bandages composés.

183. — *Bandage de corps* (fig. 20). — Pièce de linge de forme rectangulaire, faite avec deux épaisseurs du tissu réunies à leur bord par une couture en surjet; elle doit avoir $0^m,20$ de hauteur et une longueur égale à une fois et demie la circonférence de la poitrine. Sur le milieu d'un de ses grands bords sont cousues deux bandes de $0^m,50$ de long et de $0^m,04$ de large; ces bandes portent le nom de scapulaires.

Pour l'application, placez sur le dos le

milieu du bandage, ramenez les extrémi-

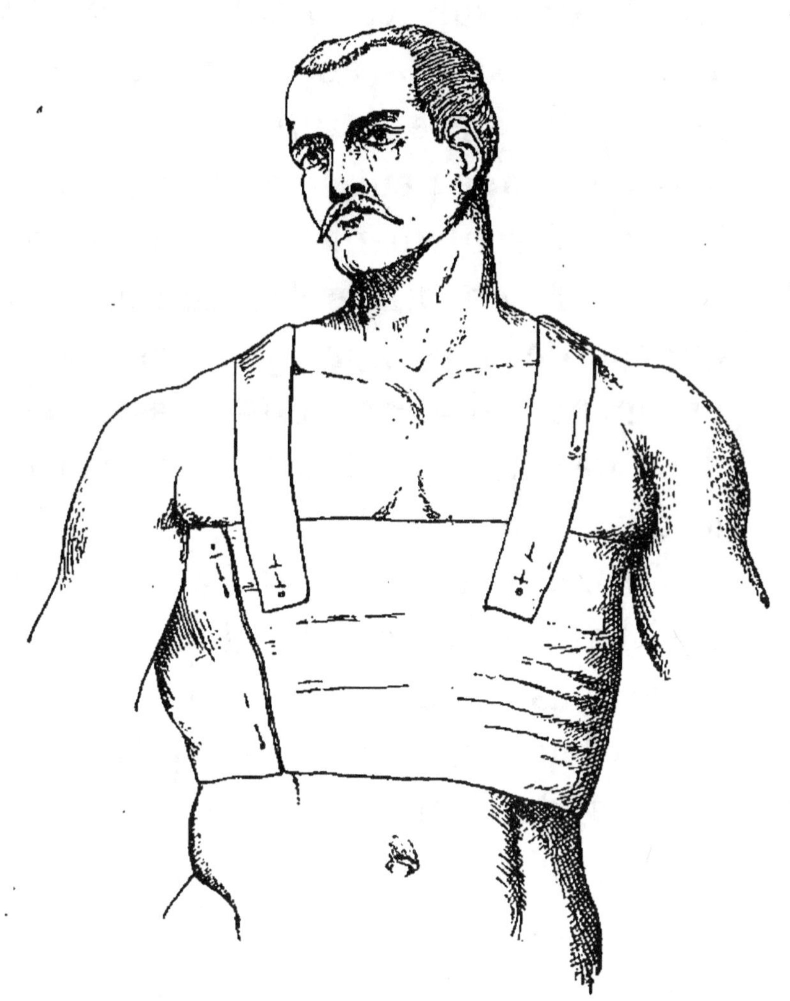

Fig. 20. — Bandage de corps.

tés sous les bras et sur le devant de la
poitrine, où vous les fixez l'une sur l'au-

tre avec plusieurs épingles ; relevez les scapulaires sur les épaules, d'arrière en avant, et fixez-les encore avec des épingles sur la pièce de linge.

Ce bandage peut s'appliquer aussi sur le ventre ; seulement, pour l'empêcher de remonter, on dirige les petites bandes, qui perdent le nom de scapulaires et prennent celui de sous-cuisses, en dedans de chaque cuisse, et on les fixe sur le devant du bandage.

Frondes (fig. 21). — Les frondes sont des bandages formés d'une pièce de linge plus longue que large, et fendue à ses deux extrémités, jusqu'à quelques travers de doigt du milieu de sa longueur, en deux ou trois parties que l'on nomme chefs ; la partie moyenne, non découpée, porte le nom de plein.

Pour appliquer la fronde du menton, placez sur le menton le plein de la fronde ; portez les deux chefs supérieurs à la nuque, en passant sous les oreilles, entrecroisez-les et confiez-les à un aide ; dirigez les deux chefs inférieurs en haut sur les joues, et fixez-les sur le sommet

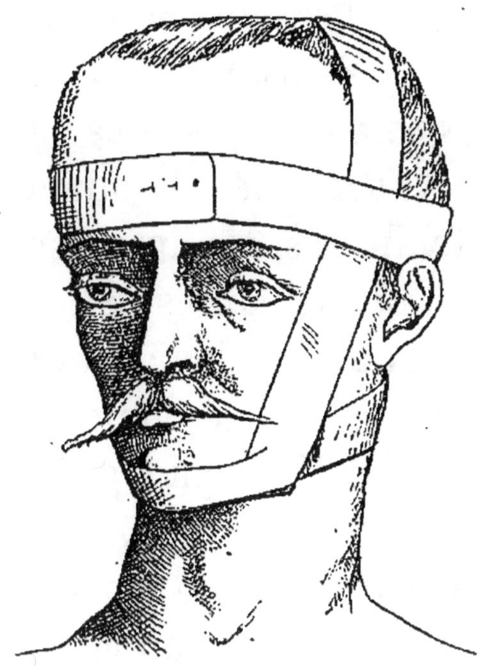

Fig. 24. — Frondes.

de la tête ; reprenez les deux chefs supérieurs, et ramenez-les sur les tempes et sur le front où vous les fixez.

Carré de la fesse. — Pièce de linge de 20 centimètres carrés, cousue par deux de ses bords opposés, sur le milieu de deux bandes longues de 1 mètre.

Le plein est appliqué sur la fesse, deux chefs embrassent la racine de la cuisse, et les deux autres sont conduits autour du bassin.

Suspensoirs. — Les suspensoirs ou bourses sont des bandages destinés à maintenir des topiques sur des parties rondes ou saillantes, ou à soutenir des organes qui, par leur propre poids, peuvent causer de la gêne ou de la douleur. On n'utilise plus guère que le suspensoir des testicules.

Les testicules sont placés dans la poche que présente le bandage, la verge est engagée dans l'ouverture circulaire ; la ceinture embrasse le bassin, les rubans sont dirigés de chaque côté sur le pli de la fesse et amenés sur le ventre, où on les fixe à la ceinture.

Camisole et Caleçon de force. — Ces appareils sont formés de pièces de linge que l'on fixe au moyen de lacets, autour du tronc et des membres ; ils servent à contenir une personne en délire, pour la mettre hors d'état de se nuire. *Il faut toujours veiller à ce que le bandage ne gêne en rien la respiration du malade.*

Application. — La camisole placée, on la lace en avant avec un fort lien passé dans les boutonnières ; deux liens passés dans les pattes des épaules sont fixés à la tête du lit ; les liens des coudes et des parties latérales du corsage sont attachés aux côtés du lit ; enfin, les quatre liens destinés à fixer les mains et les membres inférieurs sont arrêtés aux pieds du lit.

Liens de Mayor.

184. — *Triangle de la fesse ou bonnet de la fesse* (fig. 22). — Une cravate et un triangle, faits avec des pièces de linge carrées de $0^m,70$ de côté sont nécessaires. Pour leur application, disposez en ceinture autour du

bassin une cravate, que vous nouez sur le
ventre ; fixez sur la ceinture le sommet du

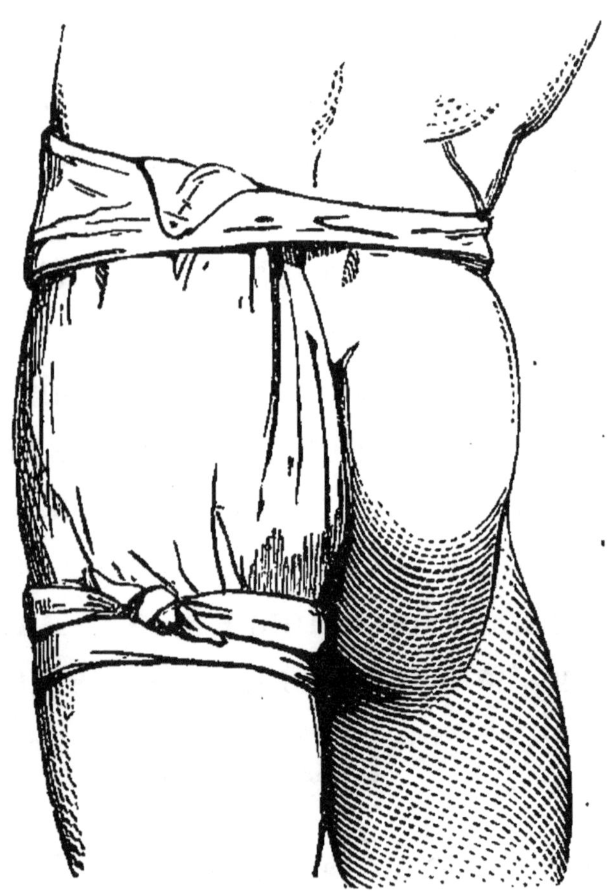

Fig. 22. — Triangle de la fesse ou bonnet de la fesse.

triangle, après l'avoir engagé sur la cravate ; enveloppez la fesse dans le plein du
triangle, et contournez la cuisse avec les

deux chefs que vous arrêtez par une rosette. *Triangle des testicules* (fig. 23). —

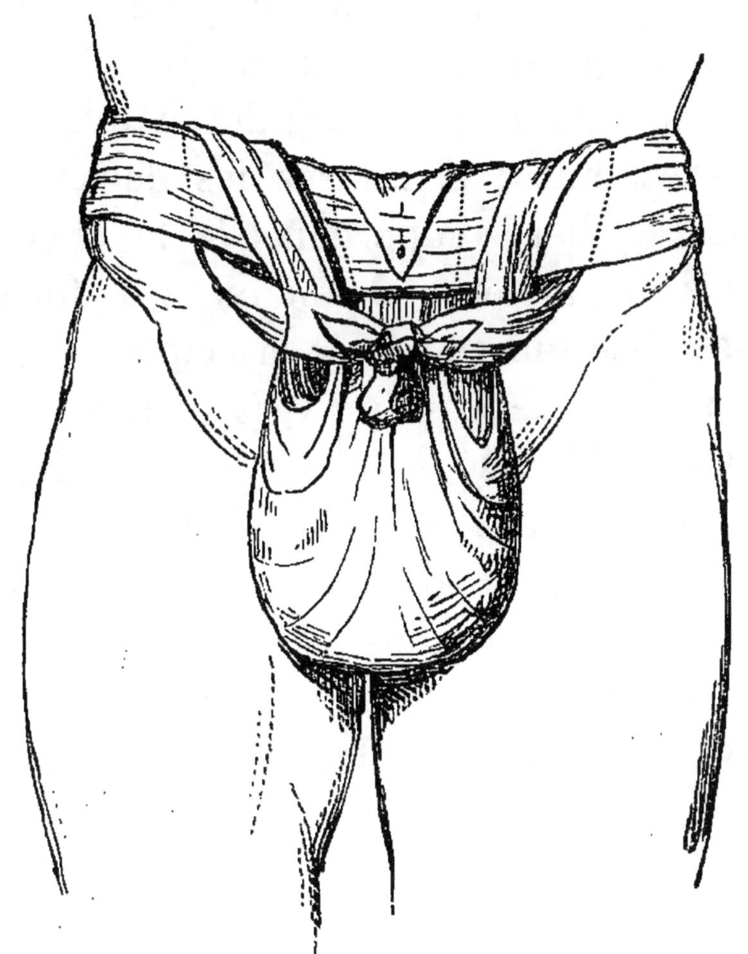

Fig. 23. — Triangle des testicules.

Une cravate, faite avec une pièce carrée de linge de 0^m,70 de côté, et un triangle coupé dans un carré de mêmes dimensions sont nécessaires. Pour leur application, disposez la cravate en ceinture autour du bassin; placez le milieu de la base du triangle sous les testicules; conduisez les deux chefs sur le bord supérieur de la cravate, puis en arrière, de manière à former une anse qui embrasse la ceinture; portez-les en dedans l'un vers l'autre, après avoir embrassé leur partie ascendante, et nouez-les sur la partie médiane. Le sommet est préalablement relevé sur la verge, conduit sous la face postérieure, puis antérieure de la cravate, où il est fixé avec une épingle.

NOTICE N° 1

NOMENCLATURE GÉNÉRALE

DES MALADIES

POUR

L'ÉTABLISSEMENT DE LA STATISTIQUE MÉDICALE

(Loi du 22 janvier 1851.
Instruction ministérielle du 9 juin 1888.)

DIVISIONS GÉNÉRALES

I.   Maladies générales.
II.   Maladies du système nerveux.
III.   —   de l'appareil respiratoire.
IV.   —   de l'appareil circulatoire.
V.   —   de l'appareil digestif.
VI.   —   de l'appareil génito-urinaire.
VII.   —   du système locomoteur (muscles, os, articulations, etc.).
VIII.   —   des yeux et des oreilles.
IX.   —   de la peau.
X.   —   vénériennes.

XI.   Lésions traumatiques, plaies par coup de feu (non compris les suicides et les morts accidentelles).
XII.   Maladies chirurgicales non classées.
XIII. Accidents des plaies.
XIV.   Accidents produits par le froid ou la chaleur.
XV.   Suicides et tentatives de suicide.
XVI.   Morts accidentelles.
XVII. Malades en observation et maladies simulées.

PREMIÈRE SECTION

MALADIES GÉNÉRALES

1. Fièvre éphémère, courbature, fatigue.
2. Grippe, fièvre catarrhale.
3. Fièvre gastrique, ou bilieuse, embarras gastrique fébrile.
4. Fièvre typhoïde.
5. Typhus exanthématique.
6. Variole.
7. Varioloïde.
8. Varicelle.
9. Rougeole.
10. Scarlatine.
11. Oreillons (formes régulières ou compliquées et anormales, orchites ourliennes d'emblée, etc.).

12. Méningite cérébro-spinale épidémique.
13. Érysipèle dit spontané ou médical.
14. Diphtérie (angine, laryngite, paralysie diphté-
   ritique, etc.).
15. Paludisme :
   a, fièvres intermittentes, remittentes, con-
      tinues,
   b, cachexie palustre,
   c, accès pernicieux,
   d, formes larvées.
16. Suette.
17. Choléra sporadique ou nostras.
18. Choléra épidémique ou asiatique.
19. Tuberculose :
   a, miliaire aiguë,
   b, pulmonaire, pleurale, laryngée,
   c, abdominale,
   d, méningée et cérébrale,
   e, des organes génito-urinaires,
   f, des ganglions lymphatiques,
   g, des os, articulations, etc.
20. Scrofulose.
21. Morve et farcin.
22. Charbon et pustule maligne.
23. Rage.
24. Rhumatisme :
   a, musculaire, (lumbago, torticolis, pleuro-
      dynie, etc.).

   b, articulaire aigu,

   c, articulaire chronique, noueux.

25. Goutte.

26. Gravelle urique, oxalique.

27. Diabète :

   a, sucré,

   b, insipide, polyurie.

28. Cancer (quels que soient son siège et sa nature).

29. Anémie.

30. Leucémie, pseudo-leucémie, adénie.

31. Purpura.

32. Scorbut.

33. Anasarque essentielle.

33. Alcoolisme :

   a, aigu, ivresse,

   b, chronique (delirium tremens, etc.).

35. Intoxication saturnine.

36. Intoxication par les substances alimentaires. (champignons, conserves alimentaires, morue, etç.)

37. Intoxication par d'autres causes, non compris les empoisonnements volontaires. (Spécifier la cause de l'intoxication.)

38. Piqûres venimeuses (scorpions, vipères, etc.).

DEUXIÈME SECTION

MALADIES DU SYSTÈME NERVEUX

39. Névrites.

40. Névralgies :

    a, faciale,

    b, intercostale,

    c, sciatique,

    d, autres formes.

41 Zona.

42. Paralysies périphériques :

    a, hémiplégie faciale,

    b, paralysie du deltoïde,

    c, autres formes.

43. Myélites :

    a, aiguës,

    b, chroniques, scléroses autres que l'ataxie.

44. Ataxie locomotrice.

45. Atrophie musculaire progressive.

46. Paraplégie par compression de la moelle, etc.

47. Méningite primitive non tuberculeuse.

48. Congestion cérébrale.

49. Hémorragie cérébrale et méningée.

50. Ramollissement cérébral.

51. Encéphalite, abcès de l'encéphale.

52. Tumeurs de l'encéphale (autres que des tubercules et des gommes).

53. Hémiplégie de nature indéterminée.
54. Tétanie et spasmes fonctionnels.
55. Chorée.
56. Hystérie.
57. Épilepsie.
58. Vertiges.
59. Nostalgie.
60. Paralysie générale.
61. Aliénation mentale.

TROISIÈME SECTION

MALADIES DE L'APPAREIL RESPIRATOIRE

62. Epistaxis.
63. Coryza.
64. Ozène.
65. Polypes des fosses nasales et naso-pharingiens.
66. Laryngite :
  a, aiguë,
  b, chronique.
67. OEdème de la glotte.
68. Corps étrangers dans le larynx.
69. Goître :
  a, aigu, épidémique,
  b, chronique.

70. Bronchite :

    a, aiguë,

    b, chronique non tuberculeuse.

71. Congestion, œdème pulmonaire.

72. Apoplexie pulmonaire. Hémoptysie non tuberculeuse.

73. Emphysème pulmonaire.

74. Asthme.

75. Broncho-pneumonie, bronchite capillaire.

76. Pneumonie :

    a, aiguë,

    b, chronique,

77. Pleurésie sèche.

78. Pleurésie :

    a, aiguë,

    b, chronique,

    c, purulente (empyème).

79. Asphyxie par les gaz toxiques, etc.

QUATRIÈME SECTION

**MALADIES DES APPAREILS CIRCULATOIRE
ET LYMPHATIQUE**

80. Palpitations.

81. Hypertrophie du cœur.

82. Dilatation du cœur, dégénérescence graisseuse, myocardite.
83. Endocardite, lésions valvulaires.
84. Péricardite.
85. Goitre exophtalmique.
86. Angine de poitrine.
87. Syncope.
88. Artérite et gangrène sénile.
89. Anévrysmes.
90. Varices et ulcères variqueux.
91. Phlébite, thrombose.
92. Lymphangite.
93. Adénite non spécifique.

CINQUIÈME SECTION

MALADIES DE L'APPAREIL DIGESTIF

94. Affections des dents et complications.
95. Stomatite simple.
96. Stomatite ulcéro-membraneuse.
97. Glossite.
98. Parotidites (autres que les oreillons).
99. Grenouillettes.
100. Amygdalite.

101. Angine :

    a, aiguë,

    b, chronique.

102. Corps étrangers de l'œsophage.

103. Rétrécissement de l'œsophage.

104. Dyspepsie, gastralgie, dilatation de l'estomac.

105. Gastrite.

106. Ulcère rond de l'estomac.

107. Hématémèse.

108. Indigestion.

109. Embarras gastrique sans fièvre.

110. Constipation.

111. Diarrhée :

    a, aiguë,

    b, chronique.

112. Dysenterie :

    a, aiguë,

    b, chronique.

113. Coliques, entéralgie.

114. Étranglement interne, occlusion intestinale.

115. Hernie (indiquer le siège) :

    a, simple,

    b, étranglée.

116. Typhlite, pérityphlite.

117. Ténia.

118. Lombrics, oxyures.

119. Hémorroïdes.

120. Fissure à l'anus.

121. Fistule à l'anus.

122. Chute du rectum.

123. Péritonite (non tuberculeuse).

    a, aiguë,

    b, chronique,

124. Ascite.

125. Congestion, hypertrophie du foie.

126. Hépatite :

    a, aiguë, abcès du foie,

    b, chronique, cirrhoses atrophique et hypertrophique du foie.

127. Ictère catarrhal.

128. Ictère grave.

129. Lithiase biliaire, coliques hépatiques.

130. Kystes hydatiques du foie et des autres organes abdominaux.

131. Affections de la rate.

SIXIÈME SECTION

MALADIES NON VÉNÉRIENNES DE L'APPAREIL GÉNITO-URINAIRE

132. Néphrite :

    a, aiguë,

    b, chronique.

133. Pyélite.

SEPTIÈME SECTION

MALADIES DU SYSTÈME LOCOMOTEUR

153. Rupture musculaire ou tendineuse, hématome
    musculaire.

154. Hernie musculaire.

155. Contracture, rétraction musculaire.

156. Périostite.

157. Exostose.

158. Ostéite, ostéomyélite.

159. Carie, nécrose.

160. Rachitisme.

161. Entorse :

    a, du pied,

    b, autre (indiquer le siège).

162. Arthrite :

    a, aiguë,

    b, chronique,

    c, fongueuse.

163. Hydarthrose.

164. Corps étrangers articulaires.

165. Ankylose.

HUITIÈME SECTION

MALADIES DES YEUX ET DES OREILLES

166. Maladies des paupières :

    a, blépharites,

    b, déformations (entropion, ectropion).

167. Maladies des voies lacrymales :

    a, rétrécissement des points et des conduits lacrymaux,

    b, dacryocystite,

    c, fistule lacrymale.

168. Kératites.

169. Taies de la cornée.

170. Conjonctivite :

    a, aiguë,

    b, chronique.

171. Ophtalmie purulente :

    a, aiguë,

    b, chronique, granulations.

172. Iritis.

173. Irido-choroïdite.

174. Glaucome.

175. Choroïdites.

176. Rétinites.

177. Névrite optique.

178. Atrophie de la papille.

179. Cataracte.

180. Myopie.

181. Hypermétropie.

182. Astigmatisme.

183. Presbytie.

184. Strabisme.

185. Nystagmus.

186. Amaurose, amblyopies toxiques, etc.

NEUVIÈME SECTION

MALADIES DE LA PEAU

207. Lupus.

208. Teigne faveuse.

209. Trichophytie :

   a, teigne tonsurante,

   b, sycosis,

   c, herpès circiné.

210. Teigne pelade.

211. Gale.

212. Clou de Biskra, de Gafsa, etc.

213. Ulcère annamite.

DIXIÈME SECTION

MALADIES VÉNÉRIENNES

214. Syphilis :

   a, primitive,

   b, secondaire,

   c, tertiaire.

215. Chancre mou :

   a, simple,

   b, compliqué, adénite, etc.

216. Blennhorragie :

   a, simple,

   b, compliquée, épididymite, cystite, arthri-
   tes, etc.

ONZIÈME SECTION

LÉSIONS TRAUMATIQUES

(Non compris les suicides et tentatives de suicides,
et les morts accidentelles.)

———

(Indiquer la cause : coup de feu, arme blanche,
coup de pied de cheval, etc.)

B. O. P. R. 2ᵉ 1891, page 684.

217. Lésions du crâne :

    a, téguments,

    b, fractures,

    c, encéphale (commotion cérébrale), etc.

    d, méningite traumatique.

218. Lésions de la face :

    a, parties molles,

    b, fractures,

    c, luxation du maxillaire inférieur,

    d, traumatismes de l'œil.

219. Lésions du cou :

    a, parties molles,

    b, vaisseaux,

    c, pharynx et œsophage,

    d, larynx et trachée.

220. Lésions de la poitrine :

    a, parties molles,

b, squelette,

c, plaies pénétrantes (indiquer l'organe atteint).

221. Lésions de la nuque et du dos :

a, parties molles,

b, colonne vertébrale,

c, moelle épinière.

222. Lésions de l'abdomen :

a, parois,

b, plaies pénétrantes (indiquer l'organe atteint),

c, péritonite traumatique.

223. Lésions du bassin et de la région ano-rectale :

a, parois.

b, squelette,

c, vessie.

224. Lésions de la région ano-périnéale et des organes génitaux :

a, parties molles,

b, anus,

c, urèthre,

d, pénis,

e, scrotum et testicules.

225. Lésions de l'épaule et de la région claviculaire :

a, parties molles, vaisseaux, nerfs,

b, fractures,

c, luxations,

d, plaie pénétrante articulaire.

226. Lésions du bras :

    a, parties molles, vaisseaux, nerfs,

    b, fractures,

227. Lésions du coude :

    a, parties molles, vaisseaux, nerfs,

    b, fractures,

    c, luxations,

    d, plaie articulaire.

228. Lésions de l'avant-bras :

    a, parties molles, vaisseaux, nerfs,

    b, fractures,

    c, luxations,

    d, plaie articulaire,

229. Lésions du poignet :

    a, parties molles, vaisseaux, nerfs,

    b, fractures,

    c, luxations,

    d, plaies articulaires.

230. Lésions de la main :

    a, parties molles, vaisseaux, nerfs,

    b, fractures,

    c, luxations,

    d, plaies articulaires.

231. Lésions des doigts :

    a, parties molles,

    b, fractures,

    c, luxations,

    d, plaies articulaires,

232. Lésions de la hanche :

    a, parties molles, vaisseaux, nerfs,

    b, fractures,

    c, luxations,

    d, plaies articulaires.

233. Lésions de la cuisse :

    a, parties molles, vaisseaux, nerfs,

    b, fracture.

234. Lésions du genou :

    a, parties molles, vaisseaux, nerfs,

    b, fracture,

    c, fracture de la rotule,

    d, luxation,

    e, luxation de la rotule,

    f, plaie articulaire.

235. Lésions de la jambe :

    a, parties molles, vaisseaux, nerfs,

    b, fracture.

236. Lésions du cou-de-pied :

    a, parties molles,

    b, fracture,

    c, luxation,

    d, plaie articulaire.

237. Lésions du pied :

    a, parties molles, vaisseaux, nerfs,

    b, fracture,

    c, luxation,

    d, plaie articulaire.

238. Lésions des orteils :

     a, parties molles,

     b, fracture,

     c, luxation,

     d, plaie articulaire.

DOUZIÈME SECTION

MALADIES CHIRURGICALES NON CLASSÉES

239. Excorations, abcès et autres accidents locaux et légers consécutifs aux marches.

240. Excoriations, abcès, contusions et autres accidents locaux et légers du cavalier.

241. Tarsalgie.

242. Furoncles.

243. Anthrax.

244. Phlegmons, abcès.

245. Panaris.

246. Onyxis, ongle incarné.

247. Tumeurs.

248. Ulcères.

249. Mal perforant.

TREIZIÈME SECTION

ACCIDENTS DES PLAIES

250. Érysipèle dit chirurgical.

251. Pyohémie et septicémie.

QUATORZIÈME SECTION

ACCIDENTS PRODUITS PAR L'ACTION DIRECTE DE LA CHALEUR OU DU FROID

QUINZIÈME SECTION

SUICIDES ET TENTATIVES DE SUICIDE

267. Suicide et tentative de suicide par précipitation.

268. Suicide ou tentative de suicide par écrasement.

SEIZIÈME SECTION

MORTS ACCIDENTELLES

269. Tués à l'ennemi.

270. Assassinés.

271. Exécutés.

272. Morts par accident. (Indiquer la nature de l'accident et celle de la lésion.)

273. Morts subites de cause inconnue. Il est rappelé que le n° **273** est exclusivement consacré aux morts subites de causes inconnues. Les morts subites de cause connue doivent être portées aux numéros des maladies ou lésions qui les ont provoquées en faisant suivre de la mention : *mort subite.*

B. O. P. R. 2e 1891, page 685.

DIX-SEPTIÈME SECTION

MALADES EN OBSERVATION. MALADIES SIMULÉES

274. Malades en observation.

275. Simulateurs. (Indiquer la maladie simulée.)

NOTICE N° 2

Nomenclature des médicaments les plus usuels avec leurs abréviations.

§ I. MÉDICAMENTS AU POIDS.

Acide acétique cristallisable	Ac. acétiq. crist.
— acétique ordinaire	Ac. acétiq. ord.
— azotique du commerce	Ac. azot. com.
— azotique pur	Ac. azot. pur.
— borique cristallisé	Ac. bor.
— chlorhydrique du commerce..	Ac. chlor. comm.
— chromique cristallisé	Ac. chrom.
— chrysophanique............	Ac. chrysop.
— citrique..................	Ac. citriq.
— phénique	Ac. phén.
— salicylique................	Ac. salicyl.
— sulfurique du commerce.....	Ac. sulfur. com.
— sulfurique pur.............	Ac. sulfur. pur.
— tartrique	Ac. tartriq.
Amadou......................	Amadou.
Alcool	Alco.
Alcool mauvais goût...........	Alc. m. g.
Aloès	Aloès.
Alun	Alun.
Alun calciné.................	Alun calc.
Amande douce	Aman. d.
Amidon	Amid.
Ammoniaque..................	Amm.
— carbonate...........	Amm. carb.
— acétate.............	Amm. acét.
— chlorhydrate.........	Amm. chlor.

Anis vert... Anis.
Antimoine. (Kermès officinal)...... Kermès.
      —   (tartrate de potasse)..... Émétique.
Analgésine (Antipyrine)........... Analg.
Arnica.. Arn.
Arsenic .... Arsenic.
Arséniate de soude .... Arséniat. s.
Assa fœtida........................... Assa fœt.
Atropine sulfate.................... Atropine s.
Baume de tolu...................... Tolu.
Belladone .... Belladone.
Benjoin .... Benj.
Beurre de cacao.................. B. Cacao.
Bismuth (sous-azotate de)........ Bism.
Café .... Café.
Caféine............................ Caféine.
Camphre........................... Camp.
Chaux (carbonate de) .... Chaux carb.
Cire jaune........................ Cire.
Citron .... Citr.
Cocaïne (chlorhydrate de)........ Chl. cocaïne.
Colchique d'automne............. Colchiq.
Copahu .... Copa.
Créosote de hêtre............... Créosote.
Cuivre (sous-acétate de).......... S. ac. cu.
Cuivre (sulfate de) .... Sulf. cu.
Digitale pourprée .... Digitale.
Digitaline........................ Digitaline.
Eau de Vichy.................... Vichy.
Eau de Seltz.................... Seltz.
Eponge .... Epon.
Ergot de seigle................. Ergot. s.
Esérine (sulfate d') .... Esérine s.
Ether sulfurique............ ..... Ether.
Fer. Chlorure ferreux............. Chl. fer.

Fer Sulfate.............................	Sulf. fer.
Fer. Tartrate de fer et de potasse..	Tart. fer pot.
Glycérine............................	Glyc.
Gomme du Sénégal	Gom.
Goudron de bois..................	Goud.
Grenadier (écorce de racine de)....	Grenad.
Huile de croton tiglium...........	H. croton.
— de foie de morue...........	H. f. m.
— lourde de houille...........	H. l. houille.
— d'olive	H. ol.
— de ricin	H. ric.
— de térébenthine.............	H. téréb.
Iode	Iode.
Iodoforme	Iodof.
Ipécacuanha.......................	Ipéca.
Kousso	Kousso.
Lait	Lait.
Lait conservé	Lait c.
Laminaire digitée.................	Lamin.
Laudanum de Sydenham..........	Laudanum.
Lin................................	Lin.
Magnésie carbonatée	Magn. carb.
Magnésie calcinée.................	Magn. cal.
Magnésie (sulfate de).............	Magn. sulf.
Mercure............................	Merc.
— (biiodure de).............	Biio. merc.
— (calomel à la vapeur)	Calomel.
— (protoiodure de)	Protoi. merc.
— (sublimé corrosif).........	Sublimé.
Mercure (sulfate mercurique)......	Sulf. merc.
Miel................................	Miel.
Morphine chlorhydrate	Morphine c.
Mousse de Corse	Mous. c.
Moutarde...........................	Moutar.
Musc................................	Musc.

Naphtol B . . . .   Naph. B.
OEuf . . . .   OEuf.
Opium . . . .   Opium.
Oranger. . . . .   Oran.
Orge. . . . .   Org.
Pain azyme. . . . .   P. azy.
Pavot blanc. . . . .   Pav.
Pepsine. . . . .   Peps.
Pilocarpine (azotate de). . . . .   Pilocarpine.
Plomb (sous-acétate de). . . . .   S. Acét. plomb.
— (iodure de) . . . .   Iod. plomb.
Potassium (azotate de potasse). . . . .   Az. pot.
— (bromure de) . . . .   Brom. pot.
— (chlorate de potasse). . . .   Chl. pot.
— (iodure de). . . . .   Io. pot.
— (silicate de potasse) . . . .   Silic.
Quassia . . . .   Quass.
Quinine (chlorhydrate de). . . . .   Quinine c.
— (sulfate de) . . . .   Qninine s.
Quinquina gris. . . . .   qq. g.
Ratanhia. . . . .   Ratan.
Réglisse. . . . .   Régl.
Rhubarbe . . . .   Rhub.
Sangsues . . . .   Sangs.
Santonine . . . .   Santon.
Salicylate de phénol (salol). . . . .   Salicy. phén.
Scille maritime. . . . .   Scille.
Soude (benzoate de) . . . .   Benz. soud.
— (borate de). . . . .   Bor. soud.
— (bicarbonate de). . . . .   Bic. soude.
— (savon blanc) . . . .   Sav. bl.
— (salicylate de). . . . .   Salic. soude.
— (sulfate de) . . . .   Sulf. soud.
Soufre . . . .   Souf.
Strychnine (sulfate de). . . . .   Strychnine.

Sureau........................... Sur.
Tanin............................ Tann.
Térébenthine..................... Teréb.
Thapsia .... Thaps.
Tilleul .... Till.
Valériane (racine de)............ Valér.
Vaseline......................... Vasel.
Vératrine........................ Vératrine.
Vin blanc........................ V. bl.
— rouge .... V. r.
— de Banyuls..................... V. Bany.
Vinaigre......................... Vinaig.
Zinc (chlorure de) .... Chl. zinc.
— (oxyde de)..................... Ox. zinc.
— (sulfate de) .... Sulf. zinc.
— (valérianate de) .... Val. zinc

§ II. MÉDICAMENTS AU NOMBRE.

Capsule de fougère mâle.......... Cap. foug.
Granule d'acide arsénieux........ Gran. ac. arsénieux.
— d'aconitine amorphe..... — d'aconitine am.
— de digitaline amorphe.... — digitaline am.
— de sulfate d'atropine..... — sulf. atropine.
— de sulfate de strichnine.. — sulf. strichnine
— de vératrine............. — vératrine.

NOTICE Nº 3

Tarif des allocations alimentaires à l'intérieur.

DÉSIGNATION DES ALIMENTS	UNITÉ	GRAND RÉGIME des OFFICIERS	GRAND RÉGIME des SOLDATS	Grand régime des soldats à 1 et 2 degrés et petit régime des officiers et soldats.	OBSERVATIONS
		(1)	(2)	(3)	
VIANDE CRUE.					
A 4 et 3 degrés............	Kilogr.	0.150	0.150 (A)	»	(A) Dans les hôpitaux d'eaux minérales : 0, kil.200.
A 2 degrés..............	id.	0.150	0.150 (A)	0.150 (F)	
A 1 degré..............	id.	0.150	0.075 (A)	0.120	
A 1/2 degré..............	id.	»	»	0.120	(F) Pour le petit régime : 120 grammes seulement.
PAIN.					
A 4 degrés..............	Kilogr.	0.320	0.320	»	
A 3 degrés..............	id.	0.240	0.240	»	
A 2 degrés..............	id.	0.160	»	0.160	
A 1 degré	id.	0.080	»	0.080	
A un demi-degré	id.	»	»	0.040	
Pour panades	id.	0.080	»	0.080	
Pour soupes	id.	0.040	0.040	0.040	
Pour cafés et chocolats	id.	0.025	0.025	0.025	
VIN.					
A 0,1.50..............	Litre.	0.50 (B)	»	» (B)	(B) Pour le petit régime des officiers, même allocation que pour le grand régime.
A 0,1.25	id.	0.25 (B)	»	» (B)	
A 0,1.20..............	id.	»	0.20	0.20	
A 0,1.15..............	id.	»	0.15	0.15	
A 0,1.10..............	id.	»	0.10	0.10	
Pour bœuf mode..........	id.	0.10	0.10	0.10	Par kilog. de viande.
LAIT.					
Pour boisson à 0,1.50.......	id.	0.50	0.50	0.50	
Pour boisson à 0,1.25.... ...	id.	0.25	0.25	0.25	
Pour diète lactée..........	id.	1.00	1.00	1.00	Spécial au régime des diètes.
Simple pour 1er déjeuner....	id.	0.25	»	0.25	
Pour potage	id.	0.30 (C)	»	0.30 (C)	(C) Les potages, soupes et bouillons sont distribués à raison de 0, 1.40.
Pour café et chocolat	id.	0.20 (D)	»	0.20 (D)	(D) Le café et le chocolat sont distribués à raison de 0, 1.25.
BIÈRE OU CIDRE.					
A 0,1.75..............	id.	0.75 (B)	»	» (B)	
A 0,1.50..............	id.	0.50	0.50	0.50	
A 0,1.25..............	id.	»	0.25	0.25	

DÉSIGNATION DES ALIMENTS	UNITÉ	GRAND RÉGIME des OFFICIERS	GRAND RÉGIME des SOLDATS	Grand régime des soldats 1 et 2 degrés et petit régime des officiers et soldats.	OBSERVATIONS
		(1)	(2)	(3)	
THÉ.					
A 0,1.50...............	Litre.	0.50 (B)	»	» (B)	
A 0,1.25...............	id.	0.25	0.25	0.25	
En feuilles	Kilogr.	0.006	0.006	0.006	Par litre de thé.
PATES FÉCULENTES.					
Chocolats................	Kilogr.	0.030	»	0.030	(E) Deux fois par se-
Crème de riz..............	id.	0.030	»	0.030	maine il pourra
Gluten..............	id	0.020	»	0.020	être distribué à
Macaroni.................	id.	0.060	0.060	0.030	l'un des repas un
Pâtes d'Italie	id.	0.030	0.030 (E)	0.030	potage aux pâtes
Semoule	id.	0.030	»	0.030	d'Italie ou vermi-
Tapioca.................	id.	0.025	»	0.025	celle, en rempla-
Vermicelle	id.	0.030	0.030 (E)	0.030	cement de la soupe au pain.

RIZ.					
Pour soupe ou potage	id.	0.030	0.030	0.030	
Pour légumes	id.	0.100	0.100	0.050	
ŒUF.	Nombre.	2	»	1	
POISSON.					
Frais	Kilogr.	0.200	»	0.150	
Salé....................	d.	0.150	0.150	0.075	
Lièvres (pour officiers)	id.	0.150	»	0.075	
Lapins (pour officiers).......	id.	0.150	»	0.075	
Charcuterie..............	id.	0.100	»	0.050	
Poulets et canards	Nombre.	1/4	»	1/6	
Perdreaux (pour officiers)....	id.	1/2	»	1/4	
Pigeons.................	id.	1/2	»	1/2	
Dindons.................	id.	0.150	»	0.075	
LÉGUMES FRAIS.					Pommes de terre, choux, carottes, navets.
Pour aliments.............	id.	0.350	0.350	0.175	Par kilo de viande.
Pour la marmite...........	id.	0.250	0.250	0.250	id.
Pour ragoût................	id.	0.400	0.400	0.400	

DÉSIGNATION DES ALIMENTS	UNITÉ	GRAND RÉGIME des OFFICIERS (1)	GRAND RÉGIME des SOLDATS (2)	Grand régime des soldats à 1 et 2 degrés et petit régime des officiers et soldats. (3)	OBSERVATIONS
LÉGUMES POUR BOUILLONS ET SOUPES MAIGRES.					
Légumes verts..............	Kilogr.	0.050	0.050	0.050	
Oseille cuite...............	id.	0.040	0.040	0.040	
Légumes frais pour julienne..	id.	0.080	0.080	0.080	
LÉGUMES FRAIS FINS POUR ALIMENTS.					
Artichauts.................	Kilogr.	0.250	»	0.250	
Asperges..................	id.	0.300	»	0.150	
Choux-fleurs..............	id.	0.250	0.250	0.125	
Choux Bruxelles...........	id.	0.250	»	0.125	
Haricots verts.............	id.	0.250	»	0.125	
Haricots frais écossés......	id.	0.250	»	0.125	
Petits pois écossés..........	id.	0 250	»	0.125	
Salsifis	id.	0.250	»	0 125	
Chicorée, oseille et épinards..	id.	0.250	»	0.125	

DÉSIGNATION DES ALIMENTS	UNITÉ	GRAND RÉGIME des OFFICIERS (1)	GRAND RÉGIME des SOLDATS (2)	Grand régime des soldats à 1 et 2 degrés et petit régime des officiers et soldats. (3)	OBSERVATIONS
LÉGUMES SECS.					
Haricots	id.	0.100	0,100	0.050	
Lentilles..................	id.	0.100	0.100	0,050	
Pois.....................	id.	0.100	0.100	0.050	
Pour soupe maigre	id.	0.050	0.050	0.050	
Salade avant l'épluchage.....	id.	0.125	»	0.125	
DESSERTS (au nombre).					
Abricots	Nombre.	2	»	1	
Biscuits..................	id.	2	»	1	
Oranges	id.	1	»	1	
Mandarines.......	id.	1	»	1	
Pêches....................	id.	1	»	1	
Poires	id.	1	»	1	
Pommes	id.	1	»	1	
DESSERTS (au kilogramme).					
Cerises	Kilogr.	0.250	»	0.125	
Confitures................	id.	0.100	»	0.050	
Dattes et jujubes	id.	0.100	»	0.050	
Figues fraîches............	id.	0.100	»	0.050	
Figues sèches et mendiants..	id.	0.080	»	0.040	
Fraises et framboises........	id.	0.150	»	0.075	

DÉSIGNATION DES ALIMENTS	UNITÉ	GRAND RÉGIME des OFFICIERS	GRAND RÉGIME des SOLDATS	Grand régime des soldats à 1 et 2 degrés et petit régime des officiers et soldats.	OBSERVATIONS
		(1)	(2)	(3)	
Fromages divers............	Kilog.	0.060	»	0.030	
Groseilles...............	id.	0.125	»	0.125	
Pruneaux................	id.	0.100	»	0.050	
Prunes..................	id.	0.100	»	0.050	
Raisins	id.	0.250	»	0.125	
Sel par homme et par jour...	id.	0.020	0.020	0.020	
Café torréfié..............	id.	0.040	0.040	0.040	
SUCRE.					
Pour café et lait simple......	Kilogr.	0.010	0.010	0.040	
Pour thé, par litre..........	id.	0.032	0.032	0.032	
Beurre frais (par homme et par jour).................	id.	0.030	0.030	0.030	
Saindoux (par homme et par jour).................	id.	0.040	0.040	0.040	
Fromage pour macaroni.....	id.	0.020	0.020	0.040	

DÉSIGNATION DES ALIMENTS	UNITÉ	GRAND RÉGIME des OFFICIERS	GRAND RÉGIME des SOLDATS	Grand régime des soldats à 1 et 2 degrés et petit régime des officiers et soldats.	OBSERVATIONS
CONSERVES ALIMENTAIRES ANIMALES (H).					
Bœuf...................	Kilogr.	»	»	»	(H) Les quantités à distribuer sont subordonnées à la nature des produits et suivants les indications fournies par les fabricants.
Tablettes de bouillon........	id.	»	»	»	
Essence de bouillon........	id.	»	»	»	
Lait concentré............	id.	»	»	»	
Soupe à l'oignon...........	id.	»	»	»	
CONSERVE SALIM ENTAIRES VÉGÉTALES (H).					
Assaisonnement	id.	»	»	»	
Julienne................	id.	»	»	»	
Légumes fins..............	id.	0.250	»	0.125	
Légumes ordinaires........	id.	0.250	»	0.125	
Fruits divers.............	id.	»	»	»	
SUPPLÉMENTS POUR LES DIABÉTIQUES.					
Viande.................	Kilogr.	0 150	0.150	0.150	

DÉSIGNATION DES ALIMENTS	UNITÉ	GRAND RÉGIME des OFFICIERS	GRAND RÉGIME des SOLDATS	Grand régime des soldats à 1 et 2 degrés et petit régime des officiers et soldats.	OBSERVATIONS
		(1)	(2)	(3)	
PAIN.					
De gluten	Kilogr.	0.090	0.090	0.090	
De soya.................	id.	0.110	0.110	0.110	
Vin	Litre.	0.25	0.25	0.25	
Gluten pour potage.........	Kilogr.	0.020	0.020	0.020	
Pommes de terre...........	id.	0.200	0.200	0.200	En robe de chambre.
Beurre frais	id.	0.020	0.020	0.020	Hors-d'œuvre.

NOTA. — Il est alloué les autres condiments nécessaires tels que huile, vinaigre, anchois, cannelle, câpres, clous de girofle, cornichons, lard salé, muscades, olives, poivre, safran, fromage, etc., en quantité suffisante pour les assaisonnements.

NOTICE N° 4

Tarif des allocations alimentaires en campagne.

§ 1er. — Taux de l'allocation de viande. — L'allocation de viande crue est fixée indistinctement à 200 grammes par repas, pour tous les malades au grand ou au petit régime.

Quand la viande fera défaut, elle sera remplacée par deux autres aliments du tarif, au taux du grand régime (notice n° 3, col. 1 du tarif).

2. — Aliment supplémentaire. — Pour améliorer le régime alimentaire, il pourra être prescrit un aliment en plus des deux alloués par la notice 17, pour la composition de chaque repas (notice n° 3, col. 1 pour le grand régime et col. 3 pour le petit régime).

3. — Aliments réservés au petit régime. — En cas de nécessité, les sous-officiers et soldats au grand régime pourront recevoir les aliments qui, d'après la notice 17, sont réservés aux malades au petit régime. Dans ce cas, le taux des allocations est celui qui est déterminé par le grand régime des officiers (notice n° 3, col. 1 du tarif).

4. — Allocations aux infirmiers et aux hommes du train. — Lorsqu'il est fait application de l'art. 38 du règlement sur le service de santé en campagne, les infirmiers et les hommes du train peuvent recevoir à chaque repas, à titre de supplément :

a — un aliment au taux du grand régime des officiers (notice nº 3, col. 1 du tarif), avec 15 grammes de beurre ou de saindoux et 5 grammes de sel;

b — une ration de 25 centilitres de vin ou 50 centilitres de bière ou de cidre;

c — la ration hygiénique de 0^l,0625 d'eau-de-vie, de rhum ou de tafia.

NOTICE N° 5

Tarif des rations de vivres délivrées par le service des subsistances militaires.

DENRÉES	RATIONS		CAMPS de MANOEU-VRES.
	forte de cam-pagne.	normale de cam-pagne.	
	(1)	(2)	(3)
Pain...............	0k750gr	0k750gr	0k750gr
Biscuits...........	0 600	0 600	0 550
Riz...............	0 100	0 060	0 030
Légumes secs.......	0 100	0 060	0 060
Sel...............	0 020	0 016	0 016
Sucre.............	0 034	0 021	0 021
Café torréfié.......	0 024	0 016	0 016
Conserves de viande..	0 250	0 200	0 200
Lard..............	0 300	0 240	0 240
Viande fraîche......	0 500	0 400	0 300
Vin...............	0l 25	0l 25	0l 25
Eau-de-vie.........	0 0625	0 0625	0 0625

NOTICE N° 6
Tarif des substitutions.

On peut remplacer la ration de viande de bœuf par :

DÉSIGNATION des DENRÉES	RATIONS	
	FORTE 0ᵏ500gr·	NORMALE 0ᵏ400gr·
	(1)	(2)
Veau, mouton, porc, lapin, volaille, cheval...........	0ᵏ500gr·	0ᵏ400gr·
Boudin....................	0 375	0 300
Saucisses ou saucisson fumé..	0 200	0 150
Cervelas, viande fumée, thon mariné, hareng salé, sardines.................	0 250	0 200
Hareng fumé..............	0 200	0 150
Morue sèche..............	0 125	0 100
Morue salée	0 300	0 250
Œufs....................	0 375	0 300
Fromage de gruyère ou de Hollande.................	0 250	0 200
Fromage mou.............	0 375	0 300

On peut remplacer la ration de légumes secs ou de riz par :

DÉSIGNATION des DENRÉES	RATIONS	
	FORTE 0ᵏ100ᵍʳ	NORMALE 0ᵏ060ᵍʳ·
	(1)	(2)
Pommes de terre...........	0ᵏ700ᵍʳ·	0ᵏ450ᵍʳ·
Carottes, choux, navets......	1 000	0 600
Choucroute	0 600	0 360
Navets confits........... ..	0 600	0 360
Semoule, orge perlée........	0 100	0 060
Chataignes ordinaires ou dé-cortiquées	0 150	0 090
Conserves de légumes (ju-lienne. choux, épinards, ca-rottes, navets)...........	0 ·20	0 070
Conserves de légumes en boîtes (haricots. flageolets, petits pois).....................	0 120	0 070
Fruits secs	0 200	0 120
Farine de froment	0 100	0 060
Pâtes d'Italie (nouilles, maca-roni, vermicelle, etc.)	0 100	0 060
Farine de maïs.............	0 100	0 060
Farine de haricots, lentilles, pois	0 090	0 050
Fromage de gruyère ou de Hollande.	0 070	0 040
Fromage mou...............	0 110	0 060

La ration réglementaire de café peut être remplacée par 5 grammes de thé.

On peut remplacer 250 grammes de pain ou 200 grammes de biscuit par :

	grammes.
Farine de froment, de maïs, de riz, de légumes	0,180
Pâtes d'Italie, semoule	0,180
Pommes de terre	1,300

NOTICE N° 7

TABLEAU
des abréviations les plus usuelles
pour l'inscription
des aliments et des médicaments.

§ I. ABRÉVIATION DES RÉGIMES.

L'adoption des menus communs a beaucoup simplifié l'inscription au cahier de visite des aliments prescrits.

Chaque degré du grand régime s'inscrit par le chiffre correspondant : 4, 3, 2, 1.

Pour le petit régime, on ajoute la lettre p à la suite du numéro correspondant au degré du petit régime prescrit : soit 2p, 1p, 1/2p.

Les diètes sont également faciles à noter.

La diète absolue s'inscrit par un grand D, soit dans la colonne du matin ou du soir s'il y a lieu, soit sur la ligne de séparation si elle est prescrite pour la journée.

La diète lactée pourrait s'inscrire par un grand D, avec un l ou mieux encore en portant 50 cent. lait matin et soir dans la colonne des aliments.

Enfin pour la diète alimentaire, il suffit de noter dans la colonne du matin ou du soir ou à cheval sur les deux, les deux aliments du tarif qui ont pu être prescrits.

§ II. ABRÉVIATIONS DES ALIMENTS.

O,	signifie	Un œuf à la coque.
OO.	—	Deux œufs à la coque.
Om.	—	Un œuf en omelette.
OOm.	—	Deux œufs en omelette.
O. pl.	—	Un œuf sur le plat.
OO. pl.	—	Deux œufs sur le plat.
Pois.	—	Poisson.
Pr.	—	Pruneaux.
Rais.	—	Raisin.
Gros.	—	Groseille.
Pom.	—	Pomme.
Conf.	—	Confiture.
Bisc.	—	Biscuits.
Choc.	—	Chocolat.
Café l.	—	Café au lait.
Sal.	—	Salade.
V.	—	Viande.
V. rôt.	—	Viande rôtie.
Côt.	—	Côtelette.
Vol.	—	Volaille.

Pour les boissons, on inscrit dans la colonne correspondante les chiffres qui représentent le nombre de centilitres prescrits, en les faisant suivre de l'exposant correspondant : *l* pour lait, *b* pour bière, *t* pour thé. Pour le vin, le chiffre seul est inscrit sans exposant.

§ III. ABRÉVIATIONS DES MÉDICAMENTS.

Les abréviations pour les médicaments sont également nécessaires et doivent être réglementées afin d'éviter des erreurs qui seraient inévitables si chacun faisait des abréviations à sa fantaisie.

Le formulaire pharmaceutique des hôpitaux militaires donne les abréviations réglementaires.

On trouvera les plus usuelles ci-dessous :

Pour les médicaments, les mots courts, comme les suivants : *fer*, *lait*, *lin*, *miel*, *riz*, *seltz*, *son*, *zinc*, sont écrits en entier ; pour les autres on se contente d'écrire la première syllabe du mot et la lettre qui la suit, ainsi :

Pav... pour *Pavot.* | *Gent...* pour *Gentiane.*
Guim... pour *Gui-* | *Rat...* pour *Ratanhia.*
mauve.

Dans quelques cas peu nombreux où cette abréviation ne suffit pas, il faut, pour éviter toute équivoque, augmenter le nombre de lettres, par exemple :

Antisc... — *Antiscorbutique*
Antisp... — *Antispasmodique*

Quant aux substances vénéneuses, le médecin doit les écrire lui-même en toutes lettres, à moins que leur nom ne soit par trop long ; en tout cas, il faut en écrire assez pour qu'à la lecture on ne puisse conserver aucune incertitude : ainsi on écrit : *Calomel,*

Camph., Ciguë, Morphine, Ricin, Strychnine, Sublimé cor., Sulfure pot., Vératrine.

Quand le nom d'une substance se compose de deux mots, il faut surtout faire porter l'abréviation sur la partie du nom qui est la moins significative, par exemple :

Noix vomique s'écrit : *N. vom.* et non *Noix v.*
Gomme adragante s'écrit : *G. adr.* et non *Gom. a.*

Un certain nombre d'abréviations sont fondamentales parce qu'elles désignent des substances ou des préparations d'un usage journalier ou très fréquent; les voici :

Ac.....	*Acide.*	*Emp*...	*Emplâtre*
Alc....	*Alcool.*	*Esp*....	*Espèces*
Az....	*Azotate.*	*Eth*....	*Ether.*
Bⁿ....	*Bain.*	*Ext*....	*Extrait.*
Bᵉ....	*Baume.*	*Fom*...	*Fomentation.*
Cap...	*Capsule.*	*Fum*...	*Fumigation.*
Carb...	*Carbonate.*	*Gran*..	*Granule.*
Cat....	*Cataplasme.*	*Gg*....	*Gargarisme.*
Cér....	*Cérat.*	*H*.....	*Huile.*
Chl....	*Chlorure.*	*H. v*...	*Huile volatile*
Collo..	*Collodion.*	*Inf*....	*Infusion.*
Colly..	*Collyre.*	*Inj*....	*Injection.*
Déc...	*Décoction.*	*Iodo*...	*Iodoforme.*
E.....	*Eau.*	*Iodu*...	*Iodure.*

Lav ...	*Lavement.*	*P*	*Poudre.*
Lim ...	*Limonade.*	*Qq*	*Quinquina.*
Lin ...	*Liniment.*	*S*	*Sel.*
Lot	*Lotion.*	*Sir*	*Sirop.*
O	*Orge.*	*Sulf* ...	*Sulfate.*
Ong ...	*Onguent.*	*Tart* ...	*Tartrate.*
Ox	*Oxyde.*	*Teint* ..	*Teinture.*
Péd ...	*Pédiluve.*	*Tis*	*Tisane.*
Pil	*Pilule.*	*V*	*Vin.*
Pom ...	*Pommade.*	*Vinaig* .	*Vinaigre.*
Pot	*Potion.*		

Telles sont les abréviations qui doivent être employées pour l'inscription des médicaments prescrits; si d'autres devenaient nécessaires, elles seraient indiquées aux infirmiers par les officiers du Corps de santé. Les médecins traitants veilleront à ce que ce système d'abréviations soit régulièrement observé, de manière que les cahiers de visite puissent être facilement lus et vérifiés.

Le nombre des gouttes doit être écrit en chiffres romains. Exemple : *Laudanum XX gouttes.*

TABLE DES MATIÈRES

PREMIÈRE PARTIE
Instruction professionnelle.

TITRE PREMIER

ORGANISATION GÉNÉRALE DU SERVICE DE SANTÉ A L'INTÉRIEUR

CHAPITRE PREMIER

DIRECTION ET GESTION

TITRE II

FONCTIONNEMENT DU SERVICE DE SANTÉ DANS LES HOPITAUX MILITAIRES

CHAPITRE III

ATTRIBUTIONS GÉNÉRALES ET DEVOIRS DU PERSONNEL

CHAPITRE IV

EXÉCUTION DU SERVICE DANS LES HÔPITAUX

§ I. — ENTRÉES

§ II. — SERVICE JOURNALIER DANS LES SALLES DE MALADES

§ VI. — DÉTENUS.

TITRE III

ORGANISATION GÉNÉRALE
ET FONCTIONNEMENT DU SERVICE DE SANTÉ EN CAMPAGNE

CHAPITRE V

DISPOSITIONS GÉNÉRALES

CHAPITRE IX

EXÉCUTION DU SERVICE DANS LES FORMATIONS SANITAIRES

DEUXIÈME PARTIE
Instruction technique.

TITRE IV

INSTRUCTION TECHNIQUE DE L'INFIRMIER MILITAIRE

CHAPITRE XII

ÉCRITURES

CHAPITRE XIII

RÉGIME ALIMENTAIRE DES MALADES

CHAPITRE XIV

BONS ET RELEVÉS

CHAPITRE XV

HYGIÈNE HOSPITALIÈRE

CHAPITRE XVI

ASEPSIE ET ANTISEPSIE CHIRURGICALES

CHAPITRE XVII

PETITE CHIRURGIE

CHAPITRE XVIII

THERMOMÉTRIE

CHAPITRE XIX

HYDROTHÉRAPIE

CHAPITRE XX

BANDAGES

TABLE DES NOTICES

TABLE DES FIGURES

Paris. — Imp. LAROUSSE, rue Montparnasse, 17.